高效养育

特级教师精选的51个家教秘诀
（幼儿篇）

金新 —— 著

知识出版社
Knowledge Publishing House

图书在版编目（CIP）数据

高效养育. 特级教师精选的 51 个家教秘诀：幼儿篇 /
金新著. -- 北京：知识出版社，2022. 11
ISBN 978-7-5215-0577-1

I. ①高… II. ①金… III. ①家庭教育—儿童教育
IV. ①G78

中国版本图书馆 CIP 数据核字（2022）第 180637 号

高效养育.特级教师精选的 51 个家教秘诀：幼儿篇　金新　著

出 版 人	刘祚臣
责任编辑	吴　泱
封面设计	末末美书
出版发行	知识出版社
地　　址	北京阜成门北大街 17 号　邮政编码：100037
电　　话	010-88390786
网　　址	http://www.ecph.com.cn
印　　刷	三河市嘉科万达彩色印刷有限公司
开　　本	880 毫米 ×1230 毫米　1/32
印　　张	10
字　　数	175 千字
版　　次	2022 年 11 月第 1 版
印　　次	2022 年 11 月第 1 次印刷
书　　号	ISBN 978-7-5215-0577-1
定　　价	49.80 元

本书如有印刷质量问题，可与出版社联系调换

　　孩子的成长始终牵动着每一位家长的心，它不仅关系着家庭幸福，更关系着国民素质。父母是孩子的第一任老师，对孩子的启蒙发挥着关键的影响作用。虽然孩子一出生我们就立即升级为爸爸妈妈了，但其实我们还远非合格的父母，这就需要我们不断学习如何做好家长，如何与孩子共同成长。

　　孩子的成长是漫长的持续渐进的过程，需要家长遵循成长与教育的规律，持之以恒、潜移默化地对孩子加以呵护、影响、唤醒。孩子不像产品可以被任意加工，也不像植物可以被任意修剪，他们是有自我意识的能动的主体。随着孩子年龄的增长，孩子的主体意识就越强，改变就越困难。

幼儿期好比处于土壤开垦、整理和播撒种子的阶段，家长绝对不能有丝毫的功利心理，要以愉快地玩耍与交流作为载体，来发展孩子的身体、语言、心智和情感。任何强逼的、痛苦的知识学习、训练都是对幼儿身心极大的伤害，且都有可能留下终身的印记。

小学阶段是孩子基本观念、品行、习惯和兴趣形成的关键期，家长要特别注重苗头性问题、不良行为习惯、错误思想观念的纠正，这比文化知识学习要紧得多。随着年龄的增长，孩子的自主意识不断增强，说教开始失效，强制引来逆反，这时尊重就变得越发重要，只有富有情感的、艺术的、智慧的方法才能有效。所以，家长需要汇聚人格、情感、学术、榜样、集体等合力才能影响、推动中学生的健康发展。

初中阶段是家庭教育比较艰难的时期，也是孩子成长阶段最为重要的时期之一。初中阶段的孩子处于青春期，孩子的自我意识、独立意识会出现质的变化，不再愿意像"小孩子"一样服从，他们渴望独立，希望得到家长的尊重，获得平等的家庭地位……面对孩子青春期生理、心理变化的突然性、多样性、特殊性，家长需要细心、耐心地应对，掌握正确的教育方式。初中阶段是孩子三观的形成期，也是个人品行、习惯的定型期，这段孩子逐步走向成熟、完善，逐步走向独立的过程，离不开家长的引导和帮助。

可见，家庭教育既是一门科学，也是一门艺术，家长对家庭教育的学习研究越早越好。但实际情况是，很多家长对家庭教育存在严重误区，对子女教育十分困惑。面对与自己小时候截然不同的孩子，爸爸妈妈、爷爷奶奶、外公外婆都不知如何与孩子相处、怎样对孩子施教，而十分渴望得到现代家庭教育的理念和方法的指导。有鉴于此，"高效养育"系列图书诞生了。

本系列图书的编撰宗旨是：为每位孩子的终身发展，也为每个家庭的幸福生活奠基。本系列图书致力于学校教育和家庭教育的沟通和融合，共三册——幼儿篇、小学篇、初中篇。每一册所阐述的家庭教育理念和原则是一致的，但在侧重点和教育方法上又体现出不同年龄特点的要求。每册按照家庭教育的内容分篇，下设若干话题，每个话题皆以一个关键词为主题，以活生生的案例引出案例分析，提出应对方略，必要时有知识延伸。编写之前，作者曾在家长群体中开展家庭教育情况调查和案例征集，使该系列图书的内容更贴近家长的需求。

历时近一年的策划、编撰过程，倾注了胡治华、段海强、周元、钮伟国、史苏兰、乔炜、周宏燕诸位老师的心血，图书的科学性和针对性有效提高。在此一并致以深深的敬意和感谢！

希望广大家长能从这套书中受到启迪，成为合格家长、优秀家长。

目

录

智育篇

个性篇

－ 在适应中进步·在变化中成长 －

－ 适应篇 －

宝宝要上幼儿园

·案例·

丁丁要上幼儿园了，一家人既高兴，又有些担心。高兴的是，孩子的成长好快，转眼就要入园了，从此要进入一个新的成长阶段了；担心的是，他在新的环境中怎样去适应，能和小朋友相处融洽，过得愉快吗？为了丁丁入园，一家人提早做了一些准备工作。

妈妈带丁丁去家附近的幼儿园参观，到幼儿园门口看哥哥姐姐们高高兴兴地入园，感受他们的愉快心情。在家里给丁丁讲幼儿园的故事、看有关幼儿园题材的动画片，不断给丁丁加强"幼儿园快乐多"的印象；并且给丁丁买了新衣服和鞋子，告诉他这是上幼儿园的装备，让宝贝从心理上接受将要上幼儿园的事。

在生活方面，家人让丁丁睡前戒奶瓶，学习自己主动喊大小便等。每天，全家人都会很自豪地对宝贝说："你长大啦！要上幼儿园啦！"丁丁听了特别高兴，直呼："我要上幼儿园！"

·案例分析·

幼儿园每年的开学，往往伴随着新生和家长共同的分离焦虑的开始，这是幼儿入园适应的最大障碍。为了帮助丁丁顺利适应新的集体生活，丁丁的家人首先从丰富孩子的感性认知入手，带着丁丁参观幼儿园的环境，观看有关幼儿园的动画片，引导孩子通过自己的视角来初步了解幼儿园，熟悉幼儿园的环境、活动和生活，降低了孩子对陌生环境和陌生人的焦虑，这样有助于孩子建立起对新环境的安全感。

幼儿年龄小、能力弱，刚刚进入幼儿园时可能不会自己喝水、不会独立如厕等，其生理、心理需求得不到及时的满足，这些在成人看来不值一提的小事，往往成为孩子在幼儿园感受不好的直接原因。家人在丁丁入园以前教会他自己喊大小便等简单的生活技能，使他遇到困难能及时获得成人的帮助和照料，这是养成孩子独立生活能力的基础。

在能力准备的基础上，家人还在家庭中为丁丁营造出了积极的心理氛围。为上幼儿园特地购买的新衣物，以及家人每天言语的鼓励，让丁丁感觉到上幼儿园是一件快乐的事情，是一件因为自己长大了、变得能干了才可以去做的、令他自豪的事情，由此萌发了对幼儿园生活的向往和憧憬。

孩子上幼儿园与父母分离，孩子与父母同样经受分别的阵痛，但是让孩子独立，却是他人生情感成长中的一个重要组成部分。

·应对方略·

送孩子去幼儿园的一个重要目的，就是帮助孩子独立。家长可以从心理和能力上着手，帮助孩子做好相应的准备，让孩子尽早适应幼儿园的新环境，尽快融入幼儿园的集体生活。

一、心理准备

1. 降低亲子依恋度

在入园前半年，家长就要逐渐地把视线从孩子身上移开，有意识让孩子独立地玩耍、看书、看电视等，或多让家里的其他人帮助照看宝宝。家长要多带孩子接触家庭成员以外的人，让孩子学习和不同的同伴、成人交往。

2. 提前熟悉幼儿园环境

家长可以常带孩子到幼儿园附近走走，让孩子知道这就是自己要去的幼儿园。带孩子看看幼儿园里好玩的玩具，看看哥哥姐姐们是怎样玩耍的，让孩子产生去幼儿园的期待。家长还可以和孩子一起观看一些和幼儿园有关的动画片、绘本，帮孩子进一步了解幼儿园的活动。

尽早让孩子和老师熟悉。家长要主动建立积极的"亲师关系"。老师来家访时，家长可以鼓励孩子和自己一起招待老师，与老师亲切交谈，让孩子感受到父母和老师是熟悉的，以促使孩子放心与老师交往。家访时，家长还可以带孩子和老师一起合影，入园前经常把照片拿出来让孩子看一看、认一认，让孩子尽快熟悉自己的老师。

二、生活准备

1. 调整作息时间

孩子在家与在幼儿园里的生活规律有所不同，家长需要提前了解幼儿园的作息制度，据此调整孩子在家的睡眠、进餐等作息时间，使孩子的生活秩序与幼儿园的作息时间安排接近，避免因生活规律的变化引起幼儿的入园不适应。

2. 提高生活自理能力

做力所能及的事，是孩子适应幼儿园集体生活的重要基础。家长可以通过游戏和情境练习的形式，循序渐进地引导孩子学习一些生活自理技能，如自己拿勺吃饭，自己用水杯喝水等。

3. 教孩子表达自己的需求

在家里，家长随时关注孩子的动作与神情，了解并及时满足孩子的需求。入园前，家长可以适当延缓自己的回应，鼓励孩子表达自己的需求，并告诉孩子在幼儿园里可以大声告诉老师自己要什么，这一点很重要。家长可以创设一个模拟情境，教孩子在具体的情境中模仿如何说和做，比如模拟在幼儿园里吃饭的情景，吃完饭孩子还想再吃一些，就可以大声说："我还要吃。"

入园是幼儿从家庭迈向社会的第一步，也是幼儿适应社会生活的关键一步。家长要放松心态，把"不适应"作为孩子成长的动力，带着孩子一起做好全方位的准备工作，以积极、愉快的心情，陪伴孩子度过入园适应期，开始全新的幼儿园生活。

窗外的妈妈

·案例·

　　9月2日，幼儿园开学的第二天，和往年一样，小班新生的哭声响成一片。妈妈刚抱着轩轩走到门口，一看到迎出来的王老师，轩轩就转身死命搂着妈妈的脖子哭喊起来。看着怀里哇哇大哭，仿佛与自己生离死别般的孩子，妈妈红着眼睛手足无措，不停地对轩轩说："好好好，妈妈不走，妈妈陪你！""好好好，妈妈再抱一会儿，我们不进幼儿园！"眼看母子俩闹腾了近10分钟了还是无济于事，王老师走过去安抚了妈妈几句，想办法把哭闹的轩轩抱进了幼儿园。

　　王老师拿出轩轩最喜欢的玩具小汽车，陪着他一起玩，慢慢地轩轩止住了哭声，坐在地板上自己开起了小车。正当王老师转身去照顾另外几个孩子时，轩轩突然"哇"的一声再次大哭起来，他跑到窗边着急地跺着脚，伸出手大声哭喊着：

"妈妈来！妈妈来！"王老师急忙来到轩轩身边，试着把小汽车再次递给轩轩，可是轩轩用力地推开了老师和小车，执着地伸手指着窗外哭喊妈妈。顺着轩轩手指的方向，王老师看到窗边有个在偷偷擦泪的人影，再仔细一看，原来是轩轩妈妈，刚才她一定是躲在窗外，却被眼尖的轩轩发现了。

·案例分析·

幼儿园新生入园之际，幼儿与自己的亲人分离时会产生烦躁、忧伤、紧张、恐慌、不安等情绪，这就是分离焦虑。案例中轩轩的表现非常典型，他害怕离开妈妈，不想独自待在陌生的幼儿园里，所以期望通过大哭、搂紧妈妈等方式，让妈妈不离开自己。而面对宝贝撕心裂肺的哭喊，轩轩妈妈显然既心疼又无奈，她不知道该怎么劝慰孩子才能让孩子乖乖跟老师进教室；等到孩子终于进入幼儿园，她又担心孩子是不是会继续哭闹，所以迟迟不愿离去，偷偷躲在幼儿园的窗外看。

其实，一开始进幼儿园时轩轩的表现还是可以的。他与妈妈分离后，能在老师的陪伴下玩玩具，情绪慢慢稳定下来，后来还能自己独自玩耍，说明他并不抗拒老师，愿意和老师一起玩，幼儿园的玩具也对他具有吸引力。这本来是孩子具有一定的环境适应能力和自我调节能力的表现，是非常可喜的事情，如果坚持几天，轩轩将会逐渐适应与妈妈的分离，他的分离焦虑也会随之减弱。可惜的是，妈妈因不放心，躲在窗外偷看，而且还被轩轩发现了，这让轩轩重新陷入了"想要妈妈陪伴，不愿离开妈妈"的痛苦情绪中。

·应对方略·

一、家长首先要克服自己的分离焦虑

幼儿园新生入园时，不仅仅是孩子会出现分离焦虑，多数家长也会因亲子分离、孩子哭闹而产生焦虑情绪，具体表现为：在幼儿园里陪着孩子一起哭，躲在某个角落里想方设法偷看，回家无原则地满足孩子的要求，用言语恐吓孩子，等等。这种亲子双方的"入园焦虑"往往会相互波及、相互影响，使得入园适应进入恶性循环状态。要缓解孩子的分离焦虑，建议家长们首先需要化解自身的焦虑，以免成人的不良情绪影响到孩子。家长可以通过阅读育儿书籍、多跟老师沟通请教、向其他父母讨教经验等途径，来获取正确的化解不良情绪的方法。

二、采用有效的分离技巧

家长要学习一些有效的分离技巧，以良好的心态和积极的行为巧妙地化解亲子分离焦虑，支持孩子快乐地走向集体生活。

1. 用积极的言语与孩子沟通

使用正面、积极的言语和孩子交流，可以让孩子感受到父母所要传递给他的爱与力量。入园时，家长要用"接纳的言语"表达对孩子情绪的理解，缓解孩子的伤心情绪，不要强硬地让孩子"不能哭"，可以说"没关系，想妈妈可以哭一会儿"。因为"哭"正是孩子宣泄、调节自己情绪的一种很好的方式，压抑不哭的孩子反而容易生病。同时，用肯定的言语带给孩子安全感也很重要，家长千万不能说"再哭就不来接你了""你今天乖，就来接你"，因为这些话只会增加孩子的心理压力，而应说"妈妈等你吃完饭（或睡好觉等）就来接你"，并且坚持说到做到。

此外，在离园时不要问孩子"今天哭了吗？"而应问"今天开心吗？和老师玩了什么？"用快乐的言语引出正面的回答，引导孩子回忆幼儿园开心的活动，激发幼儿再次入园的积极性。

2. 用理智的行为和幼儿道别

在幼儿园门口微笑着和孩子道别，让孩子对分离有所准备，千万不要突然"消失"，这样反而会引起孩子的不安。如果家长需要一个"爱的告别"，可以和孩子亲两下或抱一抱，然后挥手离开，不要任意延长和孩子分离的时间，例如反复不停地拥抱、亲吻，长时间陪伴，离开后又回头观望等，因为这段时间越长，越会强化分离的痛苦。不如道别后就鼓励孩子到幼儿园去参加他喜欢的活动，让活动使孩子的心情愉快起来。

3. 正确看待幼儿的倒退行为

幼儿入园初期，可能会出现一些倒退行为，例如本来在家挺独立能干的，现在却突然变得特别粘人、不愿意自己吃饭、不肯自己动手做事情、睡觉不安稳等。家长大可不必为此烦恼、困惑，因为这段时间正是孩子们积聚力量去面对新挑战的时刻，倒退行为是正常的，也是暂时的，家长要做的是多给予孩子理解、鼓励和支持，相信自己的孩子一定能度过这个时期。

伤心的彤彤

·案例·

　　彤彤是一个活泼可爱的小姑娘，今年9月上了幼儿园的小小班。一开始她很喜欢幼儿园和老师，没怎么哭闹，有时回来还会告诉妈妈自己在幼儿园遇到的好玩的事情。但是在接近9月底的一天，彤彤突然在幼儿园里哭了两次，第二天早上醒来就跟妈妈说："我不要上幼儿园！"这样的情况持续了好几天，彤彤每天都哭着闹着不想去上学。在妈妈的百般哄骗和安抚下，彤彤才大哭着说出了一个让家人心疼不已的答案："小朋友打我！"爷爷奶奶一听就气坏了，大声嚷着："是谁欺负我们家彤彤，我们去找他算账！"还好妈妈比较冷静，先把老人劝了下来。

　　第二天，妈妈找到了班主任张老师，向老师了解情况。沟通过后才知道，彤彤"被欺负"其实是个误会。有个叫辰辰的小男生很喜欢彤彤，总是跟在彤彤身后想要和她玩，但辰辰还不太会说话，只会伸手去拍彤彤，彤彤不懂辰辰的意思，以为自己是被小朋友打了。

·案例分析·

幼儿入园后的适应一般会经历两个阶段。第一个阶段是最常见的分离焦虑期。因为和亲人分离，孩子的哭闹表现会特别明显，常常喜欢缠着老师，要求得到成人的关怀。此时的孩子对周围的其他小朋友往往是无暇顾及的，这一阶段持续2周左右。随着大部分孩子逐渐熟悉了环境，获得一定的安全感之后，孩子们进入了入园适应的第二个阶段，此时他们的注意力从对成人的关注转向对玩具和同伴的关注，新的矛盾冲突在这阶段产生了，比如争抢玩具、想与对方交往但没有合适的方法等。这是因为，两三岁幼儿的语言表达能力是比较有限的，当孩子想表达自己的想法时，他们往往会采用做动作的方式，如拍、推，甚至是掐、咬。这些动作会令不明就里的小伙伴觉得害怕，感到自己被欺负了，而动作所带来的伤害，往往又会激起家长和家长之间，甚至家长和老师之间的矛盾。

其实这些看似具有一定攻击性的行为，并不是成人世界中的"故意欺负人"。有时幼儿的动作只是代表他想保护自己，表达出"你别碰我！""这是我的玩具！"的意思；有时幼儿的动作也隐含着友好的信息，向同伴传递"我喜欢你""我想和你玩"的想法。

显然，彤彤遇到的是后者。幸好妈妈阻止了激动的爷爷奶奶，并和老师及时进行了沟通，否则这个误会就闹大了。

·应对方略·

在幼儿入园后的适应过程中，交往矛盾不可避免，它是幼儿从单一小家庭向班集体大家庭过渡时出现的必然产物，也是帮助幼儿社会性进一步发展的良好契机，可以说"孩子是在矛盾和冲突中成长起来的"。既然矛盾无法避免，家长不如用合理的方法帮助孩子一起来解决矛盾。

一、保持冷静，及时和老师沟通

当发现孩子在幼儿园受了委屈时，家长一定要告诫自己保持冷静，因为急躁、激动的情绪，反复不停的追问，不仅起不到安抚孩子的作用，反而会让他愈加不安。此时，和幼儿园老师取得及时的沟通才是明智的选择，因为家、园之间的沟通会帮助家长客观、详细、准确地了解事件的原委，也能提醒老师进一步关注孩子在幼儿园中的情况。只有家、园一致，带给孩子的帮助才是最大的。

二、宽容对待，给孩子自我成长的空间

回想我们自己的童年，谁不犯点小错误，谁又没有和同伴闹过矛盾呢？那些当年认为是"天大"的事件，成年后再想起来大多可以一笑了之，这就是"成长"和"成熟"。

同样的道理，当孩子遇到这些情况时，家长是否可以把这当成是孩子成长的契机呢？家长的宽容，不仅能缓解孩子的紧张焦虑，还能以自身言行为孩子做出为人大度、不斤斤计较的榜样示范。心理学研究表明，童年期在伙伴矛盾中被家长过度呵护的孩子，成年后往往会形成"不能吃亏"的心态，与同事、伴侣相处时出现的问题会更多。

三、积极引导，帮助孩子学习与人交往和自我保护

1. 处于弱势的孩子，多学一点自我保护知识

有些孩子比较嫩弱，在交往中经常被别人抢走玩具或被人拍打，家长可以分析一下问题所在。如果孩子是像案例中的彤彤那样比较受人欢迎的情况，家长可以引导孩子，让他理解小朋友不是真的想打你，只是想找你一起玩；并告诉孩子，你如果不喜欢别人拍打你，可以避开，也可以直接对他说：

"不要碰我！我不喜欢！"还可以去向老师寻求帮助。

如果孩子老是被小朋友抢走玩具，而自己又非常不甘心，那么家长可以教孩子用手护住自己的玩具，并告诉对方："我要玩呢！你等一等！"如果对方继续强抢，孩子就可以大声叫老师帮忙。

总之，学习自我保护的目的绝不是教孩子以牙还牙去还击，而是让孩子在保护自己的同时，学会拒绝和求助，这将有益于处于交往弱势的孩子树立起自信和勇气。

2. 处于强势的孩子，多学一些与人交往的方法

如果孩子常常是出手抢东西或打人的一方，时间一长势必会被其他伙伴孤立，这将会对孩子的社会性发展造成影响。家长可以试着改变一下家庭中的教养方式。比如，有了新玩具或好吃的，让孩子学会等一等，并告诉他别人手中的东西不能抢；如果孩子在家出现打人、咬人等行为，不管是发脾气还是与大人嬉戏，都要立即制止，并严肃地告诉孩子："不可以这样做！"如果孩子渴望与其他小朋友交往，但又没有合适的方法，家长可以引导孩子对小朋友微笑表示友好，或是与喜欢的小朋友分享玩具等，但不要拍打小朋友。

准备做个小学生（一）

宝贝就要上小学了，幼儿园大一班微信群里的爸爸妈妈们近期聊得最热闹的就是这个话题。家长们你一言我一语，对宝贝们快要上一年级提出了自己的困惑，希望得到老师和其他家长的"支招"。也有家长分享着自己的想法与心得，期待与老师和其他家长探讨是否正确。贝贝妈妈说："一年级是孩子学习生涯的起点，千万别让孩子输在起跑线上。"果果爸爸说："孩子在幼儿园很快乐，整天就是玩，进小学就不会这样轻松啦。"乐乐妈妈问："幼儿园里不教拼音、算术，孩子进入小学会不会跟不上？要不要去报个班，提前学学拼音和数学？"点点妈妈说："我觉得从现在开始就要练习孩子的独立性和自觉性了。在学校或家里尽量让她做到自己的事情自己做，比如独立完成一些生活上的事情、每天放学回来自觉地完成一部分家庭作业、自觉地练习一会儿钢琴、独立做一些简单的入学前的课本作业。"

·案例分析·

孩子从幼儿园进入小学，是人生的一个重要转折点。德国哈克教授指出，处于幼儿园和小学衔接阶段的儿童通常存在以下 6 个方面的断层问题：(1) 关系人的断层；(2) 学习方式的断层；(3) 行为规范的断层；(4) 社会结构的断层；(5) 期望水平的断层；(6) 学习环境的断层。面对这些断层，家长们有着太多的无奈和困惑、焦虑和担心，这都是可以理解的。"千万别让孩子输在起跑线上"虽然是一个并不科学的口号，却广泛地引起了家长的担忧和竞争意识。"进小学要收收心"的吓唬则会让孩子对小学产生恐惧和退缩，家长不宜给孩子营造这种消极的心理氛围。点点妈妈从正确的儿童观、教育观出发，尊重儿童发展规律，注重非智力因素的培养，愿意"静候"孩子成长。

为了帮助幼儿顺利、自然地适应小学的学习和生活，在孩子升入小学前，家长应该和老师一起帮助孩子在生理、心理等各方面做好准备，首先要处理好学习方面以外的断层。

父母往往把入学适应的重点放在知识、技能的传授和智力的开发上，而忽视了非智力因素的培养。其实，培养非智力因素才是幼小衔接的着眼点，因为"非智力因素"涵盖的动机、兴趣、情绪、意志、性格、习惯等，在人的发展中起着关键的动力和调节作用。

一、建立良好的生活常规，提高自我服务能力

1. 调整作息时间和生活规律

大班孩子到园时间在 8 点以后，来园后先进行自由活动；而小学生早晨到校时间在 7：40 左右，到校后整理书包、交作业、打扫教室、集体早读，一踏入校门就进入了紧张有序的学习氛围中。所以，大班末期，家庭中就要适当调整孩子的作息时间，帮助孩子提早睡提早起，逐步提前送孩子入园，让孩子慢慢适应。

幼儿园毕业后的暑假中，安排与小学生活同步的时间表，让孩子"倒时差"，早睡早起，缩短午睡时长。小学开学前半个月，不再外出旅游，限定孩子看电视、玩游戏的时间，取消午睡和点心，不许孩子赖床，让孩子从放假状态进入就学状态。

2. 大力培养孩子的生活自理能力

幼儿园老师不仅管学习，还负责孩子们的吃饭、穿衣、睡觉，甚至大小便等。孩子在家，衣食住行又几乎都有家长的悉心照顾，孩子独立活动很少，独立生活能力、独立学习能力和独立处理问题的能力都较差。小学不像幼儿园有保育员、阿姨照料生活，所以培养孩子的独立意识、自我服务能力很重要。

家长要让孩子知道，上小学后，生活、学习不能完全依靠父母和老师，遇到问题和困难要自己想办法解决。父母要重视孩子吃饭、穿衣等基本生活能力的训练，祖辈要力戒溺爱，让孩子自己拿饭端汤、穿脱衣服、上厕所，能熟练地扣纽扣、拉拉链、系鞋带等。

3. 培养孩子学习方面的动手操作能力

让孩子爱护和整理自己的小书包、文具用品，不乱涂乱画、不丢三落四。学会使用小剪刀、卷笔器、橡皮等学习工具。

4. 培养孩子服务性劳动的能力

一年级学生要适当地为集体服务，如开关门窗、扫地、擦桌椅等，家长可以指导孩子参与一些力所能及的家务劳动，培养孩子的服务性劳动能力和集体责任感。

二、帮助孩子建立良好行为规范，适应新的社会结构

1. 有些在幼儿园被认为是理所当然的个人要求，在小学不再被重视，比如谁碰了一下我的文具盒，谁喊了我的小名或者绰号，捡到东西不知道怎么处理等，幼儿园老师会帮助孩子一同解决，而小学的班主任希望孩子在"告状"前先自己思考处理方式。家长要教会孩子一些解决问题的方法，当遇到困难时不急于求助老师，先自己想办法并尝试解决。

2. 孩子进入新环境后将与幼儿园的伙伴分离，重新建立新的人际关系，结交新朋友，寻找自己在团体中的位置并为班级所认同。家长可以帮助孩子总结在幼儿园阶段的交往情况，引导孩子改善交往中存在的问题，学习更多积极交往的策略。家长可以通过谈话鼓励孩子说说今天自己和谁一起玩了、做了什么事，引导孩子找到固定玩伴，帮助孩子迅速融入集体等。

3. 孩子入小学后，必须学会正确地认识自己，融入集体，用小学生的要求规范自己的行为。家长也应该每天和孩子聊聊他在幼儿园中的表现，帮助孩子分析他的行为，建立是非观念，鼓励孩子对自己有要求并规范自己的行为。

准备做个小学生（二）

　　大班小朋友琳琳每天回家都要做一页妈妈买的《口算练习》题，这不，她悄悄在桌子下面掰着手指算 7+9=? 呢。妈妈推门进来，一眼就瞧见了琳琳藏在桌下的小手，皱着眉说："琳琳，不能掰手指，要用心算，你做了那么多加减法了，怎么还不熟练呢？上小学后可怎么办呀！"琳琳缩回小手，两只大大的眼睛盯着题目怎么也想不出答案，不情不愿地撅着小嘴趴在桌上。这时她又听妈妈焦急地说："哎呀，快点做，等下还要读拼音呢！"

　　宝贝即将步入小学，爸爸妈妈首先担忧的就是孩子是否能适应小学的学习，经常问老师："幼儿园里不教拼音、算术，孩子进入小学会不会跟不上？要不要去报个班提前学学拼音和数学？"正如琳琳的妈妈一样，很多家长在家里让孩子做20以内的加减法、读拼音，都是将小学一年级的内容提前灌输给了孩子。

　　学习加减等数学概念，理解是基础。幼儿的思维以直觉动作思维和具体形象思维为主，他们的"理解"建立在直观的操作基础上，做加减时用玩具或糖果摆一摆、用手指掰一掰、口里点着数一数，都是帮助自己理解的途径，家长不要严禁。等到孩子理解了、熟练了，抽象思维开始发展了，再撤去辅助手段也不迟。另外，学数学不仅仅局限于计算，还有更多需要孩子去感知和探索的方面，语文也是这样。

　　孩子是否需要提前学数学、拼音等，家长可以根据自己孩子的情况加以选择。老师建议最好让孩子自然地等到上一年级了再去学，保持对语文、数学课的好奇心，不拔苗助长。

幼儿园的重心为保育与教育相结合，孩子们在幼儿园里学生活、学学习、学游戏。而小学则将重点转移到学习上来。家长自己首先应了解幼儿园和小学的差异，其次是为孩子逐步适应小学的学习方式做铺垫，然后帮助孩子建立良好的学习习惯，接着才是适度地培养孩子对语文、数学等知识的认知。

一、帮助孩子正确认识幼儿园和小学的差异

1. 带领孩子参观小学，熟悉校舍与教室，观摩小学生的上课和课间等活动。带孩子与小学老师、小学生接触，从与他们的交谈和相处中感受小学与幼儿园的差别。

2. 孩子入学后，必须离开"第二个母亲"角色的关系人——幼儿园教师，而去面对要求严格、学习期望高的小学教师，这使孩子感到压力和负担。大班幼儿的家长有时可以用"小学老师"的口吻和要求对孩子进行"热身训练"，让孩子逐步适应较快节奏的语速、较高目标的生活与学习要求。

3. 小学以课堂教学为主，学习的广度、难度、速度和时长增加，学校正规的科目学习方式与幼儿园的自由游戏、探索学习和发现学习方式有较大的不同。家长可以调整孩子一

日生活的规律与节奏，增加孩子有目的性地学习的时间，适当减少自由游戏时间。不妨做做"模拟上课"游戏，家长示范，孩子练习：专心听讲，举手起立发言，上讲台复述故事，纠正握笔姿势……这种游戏性的训练，孩子喜欢，也容易学会。

二、注重学习习惯的建立与养成，发展学习适应能力

1. 注意力和坚持性的培养

家中可以开辟一个孩子专用的学习角——光线明亮，桌椅高度相配，让孩子在那里可以独自看书，随意涂写，逐步延长安心静坐、专心做事的时间，培养自律能力、定力和注意力。让孩子在限定时间内有质量地完成绘画、剪纸、书写等活动，主要目的是使孩子集中精力做好一件事，并能够坚持一段时间，以适应小学 40 分钟一节课的课堂学习。

家长对孩子的口头表达、书画作品要给予赞赏和点评，使之既能自尊自信，又有自知之明。利用"走迷宫""添加景物""发现不同""哪里不对"等游戏，训练孩子的观察力、想象力、判断力，了解比较法、排除法、"尝试错误"等学习方法。让孩子对一些较有挑战性的学习内容，不畏惧、不逃避、不放弃，勇于尝试与探索，如果的确有困难，家长可以适当指导，鼓励孩子坚持完成。

2. 倾听和表达能力的提高

爸爸妈妈常喜欢问老师："我的孩子举手发言吗？"殊不知，"倾听"应该是先于"表达"的。只有用心倾听了，才会大量吸纳老师和同学们输出的信息，才能有质量地进行发言。家长可以告诉孩子：听别人讲话时，看着对方，坐端正不乱动；在集体中发言先举手，声音要响亮，发言有条理；既要会听老师的要求，也要会听同学的发言；耐心听完要求再行动。

三、适度培养对语文、数学等知识的认知

入学后，以读、写、算为主导的学习，成了孩子的主要活动。但家长千万不能陷入让幼儿提早学习小学教材的误区，而应重视孩子进行认、读、算背后的智能发展，培养孩子的"数感""语感"等对文化知识的感知。

让孩子养成每天阅读的习惯，多给孩子讲一些故事、童话、诗歌等文学作品。把听父母朗读，听有声读物，纸质阅读等途径相结合，让孩子学会多途径阅读的方法。家长每天陪伴孩子阅读 15 分钟以上，可以亲子共读，可以各自阅读，可以分享读后感，营造良好的家庭阅读氛围，帮孩子养成静坐、倾听的习惯，为入学后进行正规系统的学习打好基础。

－ 增强自我保护意识·为生命保驾护航 －

－ 安全篇 －

安全出行乐融融

·案例·

爸爸妈妈经常带韬韬外出，可是韬韬在外面常会离开大人身边，看到感兴趣的东西就自己走开去玩了。虽然妈妈多次和他说了在外面一定要跟好爸爸妈妈，不然容易发生危险，但是他心里还是不当回事。

这一天，妈妈带韬韬去超市购物。从超市出来，要横穿一条马路去停车场。妈妈牵着韬韬刚走到马路中间，韬韬突然脱开妈妈的手向马路对面窜去。妈妈还在发愣之际，一辆电动车疾驰而来，眼看着就要撞上韬韬，妈妈除了尖叫来不及做任何事。幸亏那个骑电动车的人技术和反应能力都很好，一下子就把方向错了过去，从韬韬身后擦过！妈妈冲向韬韬，抱住他说不出话来；韬韬也吓坏了，一句话也不说。

回到家，妈妈仍然惊魂不定，久久不能平复。她把韬韬好好教育了一番，之后很长时间，韬韬走到哪里都紧跟爸爸妈妈，再也不乱跑了。

·案例分析·

孩子的生命安全是最重要的。然而，幼小的孩子缺乏安全意识，没有自我控制和自我保护的能力，容易受环境吸引，又希望摆脱大人的监控自行其是，所以容易脱离成人的保护做出危险的动作。家长在容易发生危险的时机和场合，要预见自己孩子的行为特点，提前做好保护措施。

保护和教育孩子远离危险，并让孩子从小知道一些安全知识，是每个家长应尽的责任。案例中的妈妈虽然对儿子说过在外面一定要跟好爸爸妈妈，但孩子并不当回事；妈妈似乎也没有把过马路"很当一回事"，缺乏强烈的警惕意识，没有再叮嘱并抓紧孩子，以至孩子轻易摆脱妈妈的手跑出去，险些发生不幸事故。

灾难的发生往往让人猝不及防，家长需要提高自己的应急能力，在发生突然事件时，能迅速做出恰当的反应，采取有效的措施。案例中的危急时刻，妈妈只会尖叫，却没有做出抢救儿子的举措。孩子的生命安全依靠那位"骑士"才得以保全。试想，如果那位"骑士"也反应不过来,结果会怎样？

有关报告显示，道路交通伤害是 14 岁以下儿童伤害死亡的第二大原因。孩子的出行安全必须受到家长的高度重视。

家长平时就要经常对孩子进行教育，让他们明白安全是不可触摸的警戒线，所有危及生命安全的行为都要禁止。在出行之前，要有针对性地给孩子做好安全提示，讲清这次出去可能遇见什么情况，你要怎样、不能怎样。带孩子出行时，家长要提高警惕，防患于未然。不要等意外发生了再来反思，那已无济于事了。

·应对方略·

一、安全乘车

1. 小轿车的安全乘车方式

（1）座位和安全带

最有效的保护方式是安装儿童汽车安全座椅。很多国家规定，孩子 12 岁之前乘坐汽车时都要在车上配备安全座椅才能出行。不同年龄段的孩子最好配备不同规格的安全座椅，还要注意其正确安装和使用。

开车前要检查孩子的安全带有没有系好，切勿让身高未及 140 厘米的儿童使用标准安全带，如若使用，必须配合使用支撑坐垫。使用安全带时，要脱掉孩子宽大的外衣，尽可能使安全带紧贴身体。如有必要，帮孩子脱掉保暖外套或解开拉链，以免因安全带绑缚外套导致衣服内温度过高而造成幼儿脱水。

（2）上下车与门窗

上车后要马上锁定车门及车窗的中控锁。任由儿童去触碰电动车窗是非常危险的，儿童在后座可能将头、手伸出窗外，与旁边的机动车辆擦撞而发生危险。下车后，即使车子是停在自己家的车库里，家长也要锁上车门，以免孩子在玩耍嬉戏时进入车中，却不知道如何出来。

在上、下车时，要由大人开、关车门。上车时，家长要注意孩子的手、脚有没有放在门边，头、手是否伸出窗外；下车时，家长先下车，抱孩子或者给孩子扶一把，帮助孩子安全下地，避免孩子着地不稳而摔跤，或者被经过的车辆刮倒。

要将车子停在停车场或路边安全地带（机动车辆少的地点）。切勿将孩子单独留在车上，哪怕他已经睡着，也要把他抱出来。因为车辆熄火后，车子内部的空气不流通，温度高，经过日晒，会造成儿童缺氧、窒息。如果没有将车子熄火，孩子也许会因为好奇心而乱动车内的仪器，使车子行进而造成不可弥补的遗憾。

（3）行车安全

在车内坐定后，家长要提醒孩子不乱动、不乱按键钮开关、不吵闹，以免影响家长开车的注意力而发生危险。最好除了开车家长外，还要有一位家长陪伴在孩子的身边，在旁提醒和保护孩子的安全。

不要让儿童坐太长时间，停车时将其抱起，或使其平躺下来舒展身体。如果是长途行车，家长可以为孩子准备一些安全的小玩具，打发路上的无聊时光。

在后座的上方，不要摆置坚硬、危险的物品，以防紧急刹车时，这些物品掉下来伤害儿童。车内尽量少放塑料等化工制造的物品，减少有害气体的产生。

2.公共交通工具的安全乘坐方式

教育孩子无论是乘坐公共汽车还是其他交通工具，都应坐稳，不可跑来跑去、乱动设备。在公交车、火车或飞机上，不要让孩子自己坐在靠近过道的位置，以免他因好奇或好玩将小手伸出，被过往的乘客或服务车等撞伤。如果是靠可以打开的车窗坐，家长要将车窗关好，注意不要让孩子把头和手伸出窗外。

不要低估电动车、摩托车的危险性。不建议用电动车、摩托车接送幼儿，至少也应等到孩子已是学龄儿童，抓握能力不成问题时，才能考虑用电动车、摩托车载送孩子，但要十分当心。

二、快乐步行

1.健壮的成年人带孩子出门时，要拉住并抓紧孩子的手。

老年人带孩子出门时，对 5 岁以下的幼儿，或调皮好动不太听话的孩子，建议在其手腕上拴牵引绳索，免得孩子如脱缰野马般乱跑。

2. 外出步行时，特别是在人多的地方、过马路的时候，家长一定要将孩子拉在右手边贴身保护。在熟悉的或人少的地方，也不能让孩子离开大人的视线。

3. 过马路时应看清指示信号。让孩子牢记"红灯停绿灯行，黄灯亮了等一等"，走斑马线；即使横向马路没有车辆，也不闯红灯。城郊及农村没有人行道或斑马线的，家长要告诉孩子过马路时应左看右看，不要突然横穿马路。

4. 教孩子学认安全标识。马路上的交通安全标识是对孩子进行安全教育的活教材，家长日常带孩子外出时，要有意识地教会孩子认识并记住它们的意思，并在生活中学会运用。

5. 家长平时要严格遵守交通规则，以身作则影响孩子。成人抱着或拉着孩子闯红灯过马路，是最可耻和可悲的行为。

6. 平时通过电视新闻、安全教育故事、儿歌等具体的事例和有趣的游戏正面引导幼儿；在孩子外出遇到危险事件后，更要抓住时机，给孩子以警示教育。让安全深植孩子心中，让安全陪伴孩子的每一天。

贝贝走丢了

·案例·

　　贝贝家附近的商场里搞"大减价"，爸爸、妈妈带着贝贝一起去逛商场。妈妈拿起一件件衣服，比较着款式和尺寸，抢下了几件喜欢的衬衣。爸爸刚付完钱，就听妈妈惊叫起来："贝贝呢？"两人四处张望，到处都是人，可怎么也看不到贝贝。两人边找边喊，妈妈急得快哭了。爸爸说："你继续找，我到服务台去问问，用广播喊！"商场工作人员得知情况，立刻通知各层楼的工作人员一起找。

　　就在两人越等越焦虑时，地下停车场的保安和一位中年妇女把贝贝带过来了。妈妈紧紧抱着孩子，爸爸安抚着惊魂未定的妈妈，了解事情的经过。原来贝贝发现找不到父母后，惊慌了一会儿，但很快就凭着记忆往回走，自己坐电梯来到停车场。那位中年妇女发现贝贝单身一人，于是上前帮忙。

充满戒心的贝贝并不领情，反而越跑越快。直到穿着制服的保安来了，贝贝才听话地跟着走，说："警察叔叔是好人！"

爸爸妈妈对中年阿姨和保安表示了感谢，在自责之余也为孩子意料之外的机警表现而感到欣慰。

·案例分析·

家长带孩子出去玩，有时自己会被周围的事物吸引，尤其是在自己熟悉的环境和场景里，会放松对孩子的"贴身跟随"，这很危险。在这个事件里，爸爸妈妈负有不可推卸的责任。

另一方面，这对夫妻平时对孩子进行过一些安全教育。因此，贝贝和爸妈走散后，没有惊慌失措地大哭乱跑，也没有轻信陌生的阿姨，而是相信了穿制服的"警察叔叔"（实际上是保安），这说明贝贝对于"陌生人"和"坏人""好人"有了初步的意识，这在一定程度上保护了贝贝。

再则，因为熟悉环境，贝贝自行走回停车场，这一行为虽然可嘉，却也有危险性。孩子脱离大人，随意走动的时间越长就越危险。可见，贝贝接受的安全教育还不到位。如果父母能告诉孩子：要是找不到爸爸妈妈了，你就停留在原地大声呼喊，多次未得到回应，就找到最近的服务台或者收银台，告知工作人员，同时说出爸爸妈妈的手机号码，这样就能尽快求得保护并找到爸爸妈妈。

·应对方略·

尽量不要让孩子独自一人脱离大人的视线范围。同时应该做好安全教育，为孩子遇到突发事件做好提前准备。

一、增加孩子的见闻及与人应对的经验

家长平常多给孩子讲注意安全、自我保护的故事，多带孩子出去游玩参观，认识世界、增加知识、丰富经验。

遇到麻烦找警察，这是最基本的常识，但仅此还不够。如果附近没有警察，怎么办呢？家长要告诉孩子，公园、商场、电影院等场所里，什么样的人属于"工作人员"，是可以信赖的。这有赖于家长平时多带孩子去走近、认识这些不同的人，了解不同的场景、不同人的职业等。这样，孩子在遇到危险的事情时才不会惊慌失措，才能冷静地按照父母教导的方法去行事。

"不和陌生人说话"的戒律并不完全正确，从来不与陌生人打交道的孩子更容易受坏人诱骗，搞不清自己面对的陌生人是不是危险的。因此，家长最好带着自己的孩子一起与

陌生人打交道，比如向陌生人问路，在公园里和陌生人聊天，上下公交车时、排队购物时，躲开故意挤撞、贴近自己的陌生人，等等。在一次次的经历中，孩子就会知道哪些人是可以与之接近并可以寻求帮助的，哪些人是不可以接近的。久而久之，孩子就学会了判断陌生人友好与否的标准。

二、用具体事例来教育，避免笼统抽象

由于孩子的年龄特点，"你要注意安全"之类抽象的话说了等于没有说。家长在教育孩子时要很具体地讲述一个情节："有一天，你和奶奶在家，奶奶在床上看电视睡着了。这时，有人敲门叫你开门，说：'我是××。'你要不要开门呢？""绝对不要离开爸爸妈妈，要一直和大人拉好手"这样的告诫过于笼统和绝对，使孩子缺乏应变能力。应该设置不同情境，说"如果……就要……"。

三、在游戏、演练中增强自护自救本领

仅仅向孩子讲述一些自护自救的方法是远远不够的，更好的途径是通过一些角色扮演游戏来演练。在家庭游戏中，父母可以设计多种突发的情境，向孩子提出问题，测试他们的反应，并做出指导。就像"消防演习"一样的"应急预案"，能更好地帮助孩子学到自护自救的方法。

四、父母的重要信息要记牢

让孩子记住父母的姓名、电话号码、工作单位等信息，以备在紧急情况下使用。

在家中引导孩子练习如何向警察报告、和父母打电话，演练如果发生火灾、地震、燃气泄漏等情况，该如何应对。

五、避免"矫枉过正"，陌生人不全是坏人

家长说话不要太吓人，把一切陌生人都说成是坏蛋，把任何地方都形容得危机四伏，使孩子提心吊胆，产生强烈的不安全感，对社会产生怀疑和不信任感，这不利于孩子的心理健康和与人相处。

・知识延伸・

儿童安全教育：

1. 平安成长比成功更重要。告诉儿童：安全重于一切。

2. 背心、裤衩覆盖的地方不许别人看和摸。

3. 生命第一，财产第二。

4. 小秘密要告诉妈妈。向孩子保证，无论发生什么事情，只要向父母讲明真情，父母都不会怪罪，而且会尽力帮助孩子。

5. 不吃喝陌生人的饮料食品，拒绝毒品与危险品。

6. 不单独与陌生人说话。可以假装没听见，马上跑开；不回答，不开门。

7. 遇到危险可以大叫大喊，打破玻璃，破坏家具。

8. 遇到危险可以自己先跑。

9. 不保守坏人的秘密。遇到坏人欺负，一定要告诉家长，千万不要把秘密埋藏在心里。

10. 坏人可以骗。遇到坏人，可以不讲真话，机智应对，才是好孩子。

浴缸里的悄悄话

·案例·

又到了童宝最喜欢的泡澡时间，妈妈说："咱们今天来玩'挠痒痒'的游戏吧！"妈妈把童宝挠得咯咯地笑。

妈妈问："童宝，是不是所有人都可以摸宝宝的身体呢？"童宝认真想了想说："陌生人不可以摸！""对！那认识的人就可以摸了吗？"童宝想不清。

妈妈说："宝贝，你身上背心裤衩或者泳衣遮住的地方叫隐私部位，是别人不能碰的，除非有正当理由，比如体检。当然，你也不能碰别人的隐私部位！"童宝问："那爸爸妈妈可以碰吗？""现在可以。但等你再长大点儿，就没有人可以乱碰你的身体，就算是爸爸妈妈也不行！"童宝继续问："那我要是屁股疼怎么办？""嗯，那你可以让妈妈帮你看看，或者去看医生。不过不管谁碰你的时候，你只要觉得不舒服或害怕，都要大声说'不要碰我！'或者'我不喜欢你这样做！'如果有人硬要抱你、亲你、摸你，或者想脱你的衣服，你就大声斥责，用力挣扎，马上跑开，知道吗？"

"好的！要是有人乱摸我，我就跑开，并告诉爸爸妈妈、爷爷奶奶、外公外婆，还有……警察叔叔！"童宝大声地说。

·案例分析·

全国各地，一件件性侵伤害儿童的犯罪案件令人震惊愤怒，也暴露出儿童性安全教育的缺失和成人保护的缺失。

对孩子进行性教育，在许多家长看来是个头痛问题，他们既不想把"性"弄得过于神秘，又不敢对孩子全盘托出，分寸不好把握。

童宝的妈妈很有智慧，对幼儿阶段的女儿就开始巧妙地进行性安全教育。她选择洗澡这个适宜的生活场景，利用"挠痒痒"这一有趣的游戏，讨论"身体可以随意碰吗？"这个问题。在轻松的氛围中，母女俩的悄悄话生动自然，童宝不仅没有抗拒，还不停地追问，并愉快地接受了妈妈的意见。在这不断深入的一问一答中，童宝已经萌发出对性知识的好奇，并产生了一些困惑。在与妈妈的悄悄话中，她知道了一些关于性的初步知识，以及自我保护的简单方法。

儿童的性教育，特别是性安全教育，是和孩子健康成长密切相关的一项重要教育。学龄前儿童的性教育，主要由家庭进行。

一、树立正确的性教育观念，不忌不过

父母首先自己对性和性教育要有正确的认识，才能帮助孩子建立正确的性观念。

性教育包括身体发育的知识、性心理发展的知识、性别角色的教育、两性之间协调的人际关系的教育等。在性教育里，尊重隐私和保护隐私都很重要。孩子的、家长的自尊自爱都应该放在第一位。

在我国传统的家庭教育里，很多家长没有尊重孩子的隐私并教育孩子保护隐私的观念，例如让孩子当众随地大小便、家长当众帮孩子脱换衣裤、拨弄小男孩的生殖器……这些现象折射出家长对孩子独立人格、隐私保护和性安全的漠视，后果就是孩子不懂得保护自己身体，尤其是一些隐私部位，被性侵犯了还懵懵懂懂。

对儿童实施性教育要适度，既不能"忌"，也不能"过"。年轻的家长已经认识到对孩子进行正确的、科学的性安全教

育的重要性，不再谈"性"色变，回避忌讳；祖辈则较保守，需要转变观念。

性教育要做到"不过"，需注意两个方面：既不超过孩子的年龄、心理接受水平；也不过分"开放"、毫无顾忌。有些家长洗澡、如厕从不关门、不避开孩子，夫妻当着孩子的面过分亲热，父母和已懂事的子女同睡同浴，家长允许孩子光着身体在家里走动玩耍……这些过分"开放"的不当做法，反映了家长不尊重自己和孩子隐私的错误心理。

正确的性观念的形成，不是靠亲子一起洗澡如厕就能解决的，有很多日常的生活细节要注意。家长要让幼儿懂得：在家里上厕所和洗澡也要关门，要避开人群换衣服，也不要窥探别人换衣服、洗澡、上厕所；想进入父母的房间要先敲门，得到许可后方能进入，等等。在外不能当众脱裤子随地大小便，女孩不要大大地岔开双腿半躺半坐；任何人的任何行为，只要让你感到痛或不舒服，就立刻表示反抗，并尽快告诉妈妈爸爸和其他可信赖的成年人。

家长应根据不同年龄段孩子的特点，有侧重点地、循序渐进地对孩子进行性教育。当孩子开始注意到自己的性器官和异性不同时，家长就要平静、正常地告知孩子男孩和女孩的不同，切不可哄骗和愚弄，更不能以羞耻、恶心等词语压制孩子。5岁前让孩子明确性别区分、身体器官、不可触摸的部位等；5至7岁，要让孩子更深入地了解男女之间的不同及自我保护的方法，但不能涉及性交、生殖等细节，以免给孩子带来不良影响。

二、多途径多方式、具体自然地实施性教育

1. 选择生活场景，进行具体有效的性教育

幼儿着装、发型、小便、洗澡、睡觉、玩具选择、看电视等生活细节都蕴含着性教育的因素，比如，小男孩玩弄生殖器，父母不要呵斥或羞辱他，而要和孩子聊聊，查找原因，并向孩子说明这样做不好，要养成爱清洁的卫生习惯。当孩子看到父母或电视节目中的亲吻镜头时，父母要平和地告诉孩子："那是相亲相爱的人表达感情的一种方式。熟人喜欢你，也会拥抱你、亲吻你；但是如果陌生人很紧地抱住你、很重很长地亲你，你就要大声说不，挣脱跑开。无论是谁对你有过分亲密的举动，你都要及时告诉爸爸妈妈，不能保守秘密。"

父母分别承担好自己的角色。爸爸和儿子交流，妈妈对女儿进行指导，在生活中自然渗透出来的性教育抹掉了说教的痕迹，会比较有效。

2. 选择优秀读物，扩充孩子对性知识的了解

优秀绘本、故事，因其艺术的语言、生动的画面成为家长进行性教育的辅助工具，可以帮助解决一些家长难以启齿

的问题。如《我们的身体》《人体博物馆》《我的身体》，让孩子了解身体的不同器官；《小威向前冲》《我是怎样来的呢？》，告诉孩子生命的由来；《不要随便亲我》《不要随便摸我》《学会爱自己》丛书，让孩子知道如何保护自己的私隐部位；《东方儿童性教育绘本》丛书，从东方传统的儒家社会价值观出发，又结合现代社会性价值观对孩子进行教育。

3. 利用适宜游戏，帮孩子习得简单的自我保护方法

喜欢游戏是孩子的天性，通过游戏家长可以了解孩子的心理，并能帮助孩子获得直接的经验。如"过家家"等游戏，可以帮助孩子进行性别认同，了解男孩女孩的不同特点，知道相亲相爱的人才能结婚等观念；"小兔和狼""小红帽"等游戏，可以引导孩子不轻易相信陌生人，独自在家要关门，拒绝陌生人进屋，并在游戏中练习说"不"，学习如何躲避和逃跑。家长还可以自行"发明"游戏，让孩子知道不能单独和某个人到隐蔽的地方去，不可以随便吃喝陌生人给的饮料、食品等。

三、注意观察，尽量排除危险因素

1. 不把孩子交给除家人以外的不熟悉的人照看，对委托照看孩子的人要绝对了解。

2. 经常了解周围出现的人，尤其是特别关注、力求接近孩子的人。

　　3. 细心观察孩子有无异常反应，包括突然变得胆小、爱哭，忽然不喜欢上学，忽然害怕和父母亲热等。妈妈在给孩子洗澡时要不露声色地检查孩子的下身、内衣裤。

鼻子里的口香糖

·案例·

4 岁的玲玲开始学吃口香糖了，最近她总是缠着妈妈给她买，还经常将嘴里的口香糖拿出来捏捏玩玩。

这天，玲玲又把口香糖一会儿拉长一会儿搓圆，玩得不亦乐乎，爸妈笑着说："哎呀，脏死了，脏死了！"不过也没太当回事去阻止。过了一会儿，玲玲忽然哭着从自己的房间里跑出来："妈妈、妈妈，我的鼻子堵住了！"妈妈赶紧让玲玲抬起头来观察，可是什么都看不见！玲玲继续哭喊："妈妈，难受，好难受！"妈妈急得手足无措。爸爸急忙跑过来："玲玲，告诉爸爸哪个鼻孔通气？""这个！""好，玲玲不急，咱们来擤鼻涕，按住通气的鼻孔用力擤，好吗？"玲玲点点头，用手按着右鼻孔擤起来。"用力擤，对，再用力！"爸爸妈妈边帮忙边鼓励着。"扑——"一个白色的小团团从玲玲的鼻子里喷了出来，原来就是玲玲刚刚吃的那个口香糖。

·案例分析·

有医生说，孩子的鼻腔塞进异物是很常见的急诊。小孩子在玩耍时会自己把异物塞进鼻孔里，常见的有花生、黄豆、钢珠、电池、珍珠、口香糖、泡沫塑料等，个别的会有昆虫自行爬入。

和感冒不一样，鼻腔中的异物只会引起单侧鼻孔堵塞，一般都不会引起明显的症状。因此很多时候，孩子不会哭闹，慌张的只是家长。只要家长不试图强行取出异物，孩子在前往医院的途中情绪一般比较平稳，往往一路玩到医院，有时在路上，异物就自己随着鼻腔分泌物滑出了。但实际情况是，家长的处理往往不得法，盲目钳夹，不但引起孩子的烦躁情绪，还会将异物送进鼻腔深处，把本来危险不大的异物变得异常危险，把好处理的异物变得难处理起来。

案例中，玲玲爱吃爱玩既香甜又可变形的口香糖，最后将其塞进鼻子。幸好玲玲能及时告诉父母自己的鼻子难受，又多亏爸爸沉着冷静，通过稳定孩子的情绪，询问判断异物的所处位置，及时采取了急救措施，才得以化险为夷。

常见异物除了鼻腔异物以外，还有气管异物、消化道异物等。异物进入身体对人体造成伤害，称作异物伤害，是幼儿最常见的意外事故类型之一。某市儿童医院有一年春节 7 天假期中，就收治了 35 例儿童异物伤害患者。

······· ·应对方略· ·······

一、常见的异物伤害

1. 口吞异物

婴幼儿喜欢把东西放进嘴里，这时家长不要强行用手去抠，以免引起孩子哭闹，致使异物掉入呼吸道。如果孩子已经把弹珠、坚果、硬币、纽扣或回形针之类的东西吞下去，之后几天中家长要仔细检查，看孩子的排便中是否有异物排出，若 48 小时后仍未排泄出来，需要照 X 光检查，请医生处理。直径大于两厘米的异物常常会卡在食道中，也需要照 X 光来确定。若吞入大头针、缝衣针、小电池、小磁铁等，必须立即就医。

许多家庭中备有水银柱式的血压计、体温计，万一孩子打碎并吞服了水银，可先口服生蛋清、牛奶或活性炭，中和水银的毒性，然后尽快到医院诊治。切忌用盐水漱口等清洗行为，否则有增加汞吸收的可能性。还有，千万不要把收拾起来的水银倒入下水道，以免污染地下水源。

当孩子误食药丸及其他非腐蚀性毒物时，应立即采取催吐法紧急自救：给孩子喝下 2 ～ 4 杯水（如有果汁，可加入水中提味）；年龄较小的孩子可将其放在膝盖上催吐，较大一点的孩子可以让其侧躺，然后用一只手压住孩子的双颊，使其口张开，并用另一只手的食指或汤匙柄伸至孩子的咽喉处催吐。若无效则需及时送往医院。

如果是鱼刺卡喉，不要让孩子大口吞咽饭团或韭菜之类的食物，要去耳鼻喉科请医生取刺。

2. 呼吸道异物

孩子可能塞进鼻子里的东西，包括豆子、瓜子、糖块、枣类、花生米、水果碎块、一些光滑的小玩具，还有衣服用品或者玩具上的小物件、纽扣等，以果冻等软体异物的危害为最大。

发现有异物进入孩子的鼻腔，而且异物在鼻孔附近时，可以像案例中的爸爸那样，让孩子压住另一个鼻孔，闭上嘴，用力擤鼻子；要是擤不出，就用卫生纸搔鼻子，让孩子打喷嚏。要是异物还是不出来，就要立即到医院进行处理。家长千万不能擅自拿着夹子想把异物夹出，因为这可能会把异物塞进鼻腔深处，以致更加难以处理。

如果异物进入孩子的呼吸道，那么异物被自行咳出的可能性很小，应及时送往医院，切勿在家中自行处理。拍背、将手伸到孩子口中乱挖乱抠的行为，可能会加重病情。

3. 异物入耳

耳朵进水。让孩子将进水的耳朵朝下然后单脚跳，有异物的情况也一样。或者用棉签、卫生纸轻轻伸入耳中将水吸出来，伸入的过程中一定要把握分寸，幼儿的耳道浅而细嫩，容易受伤。

耳朵进入虫子。在暗处让耳朵稍微朝上，然后用手电照射，小虫子都有趋光性。如果小虫子不出来，可以将 1 ~ 2 滴橄榄油滴入耳朵里杀虫。如果还是无效，就要尽快到医院就诊。

4. 异物入眼

热水、热油、化学药剂或其他异物进入眼睛，玻璃或者尖锐的东西刺到眼睛，都要尽快到医院就诊。

5. 膀胱、肛门、阴道异物

很少有家长想到预防膀胱异物和阴道异物带来的伤害。孩子对于身体有孔器官往往有很强烈的好奇心，还会想到利用孔洞藏放自己喜欢的东西。曾有医生在一个 4 岁女孩的阴道里发现粉笔头、橡皮泥、塑料片等多件异物；从一个 6 岁女孩的阴道里，竟然取出了螺丝、玩具零件、小石子、塑料珠子等 10 件异物；从一个 10 岁男孩的膀胱里取出了一团钓鱼线，全部展开长达七八米，而且他的整个膀胱里面充满了结石。医生判断，钓鱼线是男孩自己从尿道口一点一点塞进去的，在膀胱里已经待了 2 年以上的时间了。这种情况只有动手术。

二、异物伤害的预防

1. 排查与教育相结合，防患于未然

父母要经常对家里和孩子的活动场所进行细心排查，避免以下物品对孩子造成异物伤害：一是细小、尖锐的物品，不要将大头针、硬币、药丸等微小物品放置在孩子能接触到的地方，不给孩子穿戴项链、小发夹等容易抓下的饰品；二是危险的食物，小心提防果冻、鱼类、豆类、有核的水果等食物，不在孩子哭闹或玩耍时给孩子喂食、喂药；三是不合适的玩具，要给孩子购买适龄、有质量保证的玩具，不买附有小零件的玩具用品，多检查电池、弹珠，或玩偶眼睛等易出现安全隐患的零件，及时将破损的玩具修补好或直接清理掉。

对孩子进行适时、适当的引导与教育，让孩子有一定的自我保护意识。孩子吃东西时，一方面，家长不要跟他说话、开玩笑或打骂他，要培养孩子安安静静吃东西的好习惯。另一方面，家长要教育孩子嘴里有东西的时候不说笑玩闹，不口中含食做游戏，坚硬的食物要细嚼慢咽，养成良好的进餐习惯。

另外，家长要让孩子知道药物不能随意玩耍、服用；让孩子了解将物品随意放入口、鼻、耳中玩耍的危害性；教导孩子当他发现有异物进入自己的身体后，不紧张哭闹，要主动告诉家长，等待大人处理等。

2. 了解必要的急救知识，抓住黄金救护时段

孩子年龄幼小，突然受伤，病变迅速，危险性大。家长需要通过书籍、网络、专业培训等途径了解一些专业、正确的急救知识，这一点非常必要。一旦异物伤害发生，父母要能够稳定孩子的情绪，了解可能是何异物及其所处位置，及时采取有效的救助措施，不仅能够抓住黄金救护时机，也能方便医生的救治。家长若采取了错误的处理方法，可能会加重孩子的病情，对孩子造成二次伤害。家长若无相关专业知识的了解，在一些紧急情况下，将孩子送往医院的途中不能采取任何措施，可能会延误最佳救援时机。

3. 给予适当看护与陪伴，满足幼儿的探索欲望

幼儿对周围世界充满好奇心理与探索欲望，尤其是在某些阶段中，受内在生命力的驱使，幼儿会出现口唇敏感、对细小物品特别感兴趣等现象。而家长有了忧患意识后，千万不能出现"这个不能玩""那个不能吃"的过度紧张状态，完全阻断孩子与部分食物、玩具、物品的接触，这样会影响孩子的发展。如果确实需要用到米、豆、磁铁、纽扣等物品让孩子进行探索发现时,家长可以在孩子身边看护与陪伴,亲子共同进行有趣的游戏,在满足孩子的探索欲望,发展其精细动作、感官感觉的同时,也给予孩子适宜的安全防护。

家长要切记:强力禁止与口头警告有时会更加激起孩子的好奇心,最重要的是大人自己要随时警觉、细心陪护,并确保孩子的周遭环境是安全的。

飘窗上的防护栏

·案例·

妈妈在厨房里做饭，点点独自在玩烧菜游戏，玩着玩着她突然想起了自己最喜欢的巧虎手偶，到处寻找就是没找到。她跑进厨房里问妈妈，妈妈说毛绒玩具都在飘窗上曝晒消毒。

巧虎手偶放在最靠窗的位置，怎么才能拿到呢？点点踮起脚尖伸长手使劲够，还是够不到。于是点点站到小椅子上，爬上飘窗，拿到了巧虎玩具，坐在飘窗上玩了起来。

窗外传来欢笑声，点点往窗下看，发现小伙伴们正在楼下玩陀螺呢。点点跪在飘窗上，打开窗户，探出头大声呼唤小伙伴。听到动静的妈妈走进房间，看到趴在窗户上的点点，吓了一大跳，急忙冲过去把她一把抱了下来，大声教训："小朋友不可以爬到飘窗上去，更不可以把头探出窗户，这样非常危险！"点点一脸无辜地看着妈妈，说："我只是和小朋友打个招呼。"

妈妈惊魂未定地打电话给爸爸，诉说刚发生的事，两人一致决定马上给飘窗加做防护栏。晚上爸爸回家后，逐一排查了家中存在的安全隐患，避免险情再次发生。

·案例分析·

幼儿正处于好动的阶段，富有探索精神，容易冲动，喜欢到处寻找自己感兴趣的事物，对周围的环境没有危险意识，对面临的危险没有预判能力，所以容易受到意外伤害。

南京儿童医院专家介绍，暑期儿童在吃、玩、用等方面主要有溺水、烧烫伤、误服药物中毒、吸入异物窒息、玩耍坠楼这5大意外伤害，而坠楼跌落位居儿童意外伤害发生率之首。

案例中的点点爬上飘窗拿玩具，坐在飘窗上玩，并把头探出窗外，她没有预判到这个动作的危险性和难以预料的后果。发生类似事件后，家长不要一味指责不懂事的幼儿，应该在告诉孩子"不可以做"的同时，说明"该怎样做"才是正确的。点点的爸爸妈妈迅速采取措施，给飘窗安装防护栏，并全面检查家中是否存在其他安全隐患，这样做是非常正确的。但是，加强家庭安全防护不仅靠家长，还需孩子自身提高安全意识。家长应抓住时机对孩子进行安全教育，比如带孩子仔细观察家中的每一个角落，给孩子指出阳台、飘窗、厨房等存在危险的地带，煤气灶、饮水机、电饭煲、电插座、打火机、药品、刀剪等存在危险的物品，告诉孩子远离它们。

年轻家长们在进行家庭装修时，不要只是考虑外观是否大气，整体风格是否统一，而应仔细考虑安全因素，为孩子，也为全家，创设一个美观温馨、安全舒适的生活环境。

·应对方略·

据统计，全世界每年近百万起儿童意外伤害和死亡事故的发生场所，一半以上是在家中。如果家长提高安全意识，几乎所有的意外伤害都可以预防。那么，家长要如何保证幼儿在家庭中的安全呢？

一、消除安全隐患，增添安全防护措施

不但装修布置家居时必须考虑安全因素，当幼儿进入好动期，出现喜欢攀爬、登高、奔跑的现象时，家长也要对家中重新进行安全排查，做好充分的防护措施，避免或减少幼儿遭受意外伤害的概率。

1. 有楼梯的家庭，上层楼梯口应安装有锁的护栏，楼梯

外侧要安装一米以上的护栏，护栏中低部不要有横杆，以免幼儿攀爬。

2．在二楼以上的窗户、阳台安装护栏，栏杆间距应小于孩子头部直径。靠窗不要摆放桌、凳、床、沙发等家具。

3．安装安全门和门锁，随时关门。

4．保证家具牢固地靠墙放稳。

5．在墙壁转角、桌角、柜角等位置，尤其是方形玻璃茶几的四角，贴上防撞条，或用棉布裹缠。

6．最好装有烟雾探测器。

7．电源插座要加装儿童电源插座保护盖，预防孩子将手指或尖利的金属物伸进电源插孔中。

8．打火机、灌装热水的器皿放置在幼儿不能接触到的地方，任何时候都不要将热汤锅、热水壶放在地上。

9．使用无扇叶电风扇。

10．儿童床应有护栏，周边地上铺垫厚地毯。

11．如果孩子经常睡在大床上，建议配置结实的蒙古包蚊帐，拉紧拉链可有效防止孩子坠床，并且要教育孩子不要故意冲击蚊帐。

12．幼儿活动的房间不要乱堆放玩具、板凳等物品，以防孩子绊倒磕伤。

13．不要使用桌布，以免幼儿拉拽，导致桌上的热汤水翻洒。

14. 保持地面干燥，以避免滑倒。

二、正确引导孩子，灌输安全意识

可以带孩子仔细观察家中的每个角落、每个设备，让孩子知道哪些地方是危险地带，哪些东西可能造成伤害；让孩子自己说出不能攀爬、不能单独去的地点。不要只是警告孩子"不许这样做"，而应具体分析存在的危险，告诉孩子怎样做出"危险预判"。单纯的强烈警告禁止可能会激起幼儿"偏要干"的逆反行为。

发生安全事件后，家长不要骂孩子，而应告诉幼儿什么事"不可以做"，如果做了会发生什么后果；同时，告诉孩子"该怎样做"才是正确的、安全的，强化安全教育。

三、增加日常生活体验，规避不必要的安全事故

幼儿家庭安全事故频发，部分原因是孩子受到全家过度的照顾和纵容，导致他们缺乏日常生活经验，更缺乏对危险的预判能力和自控能力。

家长在日常生活中要从小事出发，经常提醒孩子，如幼儿上床睡觉时，家长要顺便教孩子如何正确下床，减少孩子从床上坠落等事件的发生。

－健康篇－

早睡早起身体好

·案例·

晚上 8 点，嘟嘟洗漱完毕，爬到床上又蹦又跳，唱着幼儿园老师教的歌，看上去毫无睡意。妈妈说："宝宝，我们把灯关了吧，要睡觉啦！"嘟嘟摇头说："不行不行，我还要玩会呢！爸爸，帮我把积木拿过来好吗？""宝宝，我们早睡早起才能身体棒啊！"妈妈耐心地劝说着。"不行不行！我就是不要嘛！"

眼看说服教育行不通，爸爸神秘兮兮地说："嘟嘟，我们先把灯关掉，一起来感受夏天的味道，怎么样啊？""啊？夏天的味道？是什么？"小家伙一脸的疑惑。"把灯关了才能感受到哦！""好吧！"小家伙半信半疑。

于是爸爸关了灯，和嘟嘟一起躺在床上，问："关了灯是不是感觉凉快点啦？窗外的风轻轻地吹进来，带来花草的清香。宝宝和爸爸一起数着天上的星星，一颗，两颗，三颗……这就是夏天的味道呀！"爸爸拿着扇子，一边轻轻地帮嘟嘟扇着，一边继续轻声说道："爸爸小时候最喜欢夏天的味道了，躺在凉凉的藤椅里，摇着扇子，看着天上的星星，闻着夜晚的气息，感觉好舒服好舒服的！""嗯，我要听爸爸讲小时候的故事！"

嘟嘟伸出胖胖的小手，抱住爸爸的手臂，听着爸爸讲小时候的故事，不知不觉地进入了甜美的梦乡。

·案例分析·

良好而充足的睡眠有利于幼儿保持健康的体质和灵活的头脑，对身高发育也至关重要。但怎样让孩子入睡却令不少家长感到头疼。大人使尽"十八般武艺"，孩子却不予理睬，晚上不肯睡、早上不想起。上述案例中的嘟嘟就是这样的情况，晚上精力特别充沛，对妈妈的苦口婆心置之不理。"早睡早起"的大道理哪敌得过游戏、玩具或是电视的诱惑呢？

好在嘟嘟的爸爸是一位有教育智慧的父亲。他抓住孩子好奇心强的特点，以神秘的口吻和奇幻的"夏天的味道"引得孩子心甘情愿地同意关灯。爸爸陪伴在嘟嘟身边，用诗意的语言、轻缓的语调，将孩子带入了一个静谧、美好的世界，然后把自己小时候的经历当成睡前故事讲给孩子听。正是这份饱含智慧的父爱，正是这些美好的故事，伴随着孩子进入了甜甜的梦乡。试想，如果此时父母高声训斥并强迫孩子闭上眼睛，又当如何？

但是，如果每晚都如此这般，"教育智慧"终会穷竭，父母有多少花样能不断翻新呢？归根结底，还是要养成孩子按时作息的好习惯。

·应对方略·

一、寻找孩子睡眠不好的原因，对症下药

孩子睡眠不好的原因有很多，如生病，身体不适；睡眠条件不好，环境嘈杂，太冷太热，光线过强，被褥太厚、太重、太薄、太硬，卧室布置太花哨，床边玩具太多；睡前过度兴奋或紧张，影视、动漫、游戏、故事的刺激性太强，有客人来访，有新鲜事物出现，受批评、惩罚而感到委屈，晚上收到很喜爱的礼物，父母答应明天去孩子很向往的地方；日常生活无规律或突然变化，平时孩子一直睡无定时，家中发生意外事件等。

家长应寻找孩子睡不好觉的主要原因，改善环境、改变做法，如带孩子多晒晒太阳（酷暑骄阳除外）；给孩子安排一个安静、舒适的睡眠场所，室温适宜、灯光稍暗、空气清新、被褥厚薄合适；从婴儿时期就开始为孩子培育良好的睡觉习惯，睡前避免给孩子过强的刺激，不让孩子做过量的运动，不训斥孩子。

如果孩子的身体感到不适，要及时就医；如果孩子属于兴奋型气质，可适当进行心理训练。

二、结合孩子的喜好，为其选择安静的睡前游戏

安静的睡前游戏，不仅能控制住孩子过度的兴奋感，还能使睡前的亲子时光变得更加温馨、愉悦。家长可以征求孩子的意见，结合孩子的爱好来为其选择合适的睡前游戏，以桌面游戏或聆听类的游戏为宜，比如画画、搭积木、听故事、听音乐等。不建议此时让孩子看动画片或玩电子游戏，以免孩子一旦"进入"就不愿停下；如果动画片中有惊险情节，会引起孩子的紧张，使其无法安睡。也不提倡孩子玩跑跑跳跳、捉迷藏等大运动量的游戏，那是孩子情绪的"兴奋剂"。

三、建立固定的程序，让孩子有规律可循

确定一些在睡前要做的事，并把它们固定下来，比如洗澡、换睡衣、刷牙。把孩子喜欢的毛绒玩具放在他的枕边，给孩子一个晚安吻，对孩子说"晚安"等。

一般在睡前半小时，家长就要开始带领孩子按固定不变的顺序，平心静气地将这些事情一件件完成。此时无须过多的劝解和说明，这些固定的程序已经形成了良好的睡前模式，这是对孩子最好的暗示：宝贝，你该睡觉了。

四、父母以身作则，创设安静的助眠环境

既然确定了睡前必须保持安静的规则，那么就要全家一起执行。除了关灯、拉窗帘之外，家长要以身作则，保持环境的宁静。家长不妨在儿童房外坐着，静静地看一会儿书；或是在熄了灯的房间里陪孩子坐一会儿，但不要说话。

如果家长要求孩子安静躺好不说话，自己却大声谈笑、走来走去或是看电视、玩游戏，孩子就会被吸引，并感到不公平。通常他们会哭闹，或是想办法钻空子和家长再一起玩一会儿。

五、让孩子按时入睡，不随意改变入睡时间

年轻的家长平时上班没时间陪孩子，晚上（尤其是周末）就想带孩子出去活动以作为补偿。有些家长工作忙、下班晚或应酬多，晚上九十点钟以后才回家，还想要和宝贝玩一会儿，却没有注意到这会妨碍或惊扰了孩子的睡眠，打乱了孩子的生物钟。

孩子睡眠生物钟的建立、良好睡眠习惯的养成，需要长期坚持才能有所成效。无论夜间娱乐活动多么精彩，家长们都要将孩子的睡眠大事放在首位，让孩子每天都能按时上床入睡；孩子的睡眠时间充足了，早晨的起床也会变得轻松很多。

·知识延伸·

我们需要多少睡眠？

新生儿一天至少要睡 20 小时，婴儿需要睡 14 ～ 15 小时，学前儿童需要 12 小时，小学生需要 10 小时，中学生需要 9 小时，大学生与成人一样需要 8 小时，老年人因新陈代谢减慢，睡眠 6 ～ 7 小时就够了。

零食的诱惑

贝贝是个爱吃零食的孩子，糖、薯片、饮料等都是他的最爱。爸爸妈妈知道吃这种零食不利于孩子的健康，所以坚决不给他买，但奶奶总是经不住孩子的纠缠，有时会悄悄给他买一些。

这一天放学，奶奶怕贝贝吵闹影响她做饭，就给他买了他爱吃的薯片和饼干。回到家，奶奶在厨房烧菜，贝贝就开始大吃起来。

爸爸妈妈下班后，一家人开饭了。当大人都大口大口吃饭时，贝贝却无精打采，不仅不夹菜吃，饭也是有一口没一口地吃着。妈妈担心地问："是不是哪里不舒服？"贝贝摇了摇头："就是不想吃。"这个现象其实已经持续好几天了，只是大人没在意，看孩子的身体没什么事，也就同意他不吃饭了。今天爸爸见此情景，忍不住发起火来："小孩子怎么能一直不吃饭？今天一定要吃！"贝贝不肯，还哇哇大哭起来，爸爸忍无可忍，巴掌"啪啪啪"地就落在了贝贝的屁股上……于是，一顿饭在哭闹打骂声中结束了。

·案例分析·

糖果、薯片、饮料等零食，不仅香甜，而且口味多样、色彩鲜艳，刺激着孩子的味觉、视觉和触觉，强烈地吸引着孩子们。

然而这些零食在满足孩子嘴瘾的同时，也抑制了孩子对正餐的正常欲望，尤其是甜食和油炸食品，吃后让孩子感觉不到"饿"，食欲消失，贝贝吃不下饭就是这个原因。

贝贝的爸爸妈妈知道多吃油炸和甜腻的零食会影响孩子的健康，不利于其身体正常生长发育，因而严格控制贝贝对零食的获得。然而，一味地"控制"反而激起了贝贝对零食的渴望，使得他逮到一次机会就拼命吃，尤其是他找到了家长中的"突破口"——奶奶。奶奶在态度上没有爸爸妈妈坚决，心理上过分疼爱孙子，在行动上则常常偷偷满足贝贝的要求。两代家长的不一致，被孩子钻了空子，致使孩子吃零食不吃饭的坏习惯难以改正。

一、正确认识零食的概念及其营养价值

贝贝的爸爸妈妈对贝贝零食的坚决抵制，是因为他们认为所有零食都是有害的。其实不然。

正餐以外的所有食品都可以称之为零食，而其中有些零食的营养价值非常高。肉类、乳类、蛋类、奶类等制作而成的零食，能提供动物蛋白质、脂肪、钙等矿物质营养素；水果类零食能提供丰富的维生素；坚果类零食（如芝麻、核桃、瓜子等）能提供植物蛋白质、油脂、矿物质、各类维生素等营养素；五谷类、淀粉类、根茎类、糖等零食（如玉米饼、米糕、南瓜饼、蛋糕等），能提供碳水化合物、维生素、镁等矿物质营养素。这些零食所含的营养素不仅能和正餐媲美，还可以为正餐起到补充作用。比如海产品类的零食可以补充碘和氟，坚果类零食可以补充镁，水果类零食可以补充更多的维生素C，全麦零食可以补充维生素 B_2，等等。

不要把零食给妖魔化了，让孩子远离有害或无益的零食的同时，要允许孩子吃有益身体健康的食品，但是要适量、适时。

二、合理、健康地吃零食

1. 讲究烹饪方法

很多我们常见的零食之所以"不健康"，是因为它们的加工方法导致了食物营养的变化和缺失。同样的食材，经过高温油炸后，各种营养素被严重破坏，而蒸煮的烹饪方式则能较好地保留食物的营养，所以蒸煮的零食是首选。

比如土豆，炸成薯条、薯片，它就是油炸食品，没有营养价值，还有损身体健康。但是，如果用蒸煮的方法把它做成土豆泥或土豆饼之类的食品，它就会变得美味又有营养。

2. 注重口味选择

有的零食为什么能在口感、色彩上吸引孩子？那是因为零食里面加入了很多食品添加剂。所以家长在为孩子挑选零食时，尽量挑选原味的、清淡的零食。比如各类瓜子，口味很多，但其实每种口味都是不同的添加剂产生的作用，而口味越重、添加剂越多越杂，对身体就越不好。

3. 尝试自制零食

如果家长能够自己制作零食、现做现吃，那就更好了。商家为了能将食品长期保存，会在零食内加入防腐剂之类的化学剂，长期食用不利于身体健康。

我们提倡自己制作零食，比如，把冰糖和芝麻碾磨成粉末状，做成芝麻糊来吃，既满足了香甜的口感，又补充了钙质；用榨汁机把水果蔬菜榨成汁，做成饮料饮用；南瓜、红薯等蒸熟后，和面粉一起做成各种口味的饼；还有自煮红糖枣、自剥核桃仁等，都容易制作。

4．正确选择食用时间

什么时候吃零食比较合适呢？现在不提倡"饭后果"，流行"饭前果"。水果类零食的食用与正餐至少相隔半小时。容易产生"饱腹感"的乳类、肉类、淀粉类、五谷类、糖类等零食，餐前餐后都可以食用，但与正餐都需相隔2小时。坚果类零食每日的摄取量不能太多，比如核桃一天4颗即可，花生8粒即可，芝麻一勺即可；因其每日摄取量极少，任何时候吃都可以，不致影响孩子正常吃饭。

三、其他零食的提供

油炸类、糖类以及各种含糖饮料、碳酸饮料，无益于孩子的身体健康，但家长严厉禁止又会产生"禁果效应"，反而激起孩子的贪欲。因此建议：

1．孩子可以接触少许非健康食品，但家长要对此加以控制和引导，比如和孩子商量多长时间可以吃一次、吃几样。

2．根据孩子的年龄特点，用适当的言语向孩子讲清非健康食品对身体的危害，做到晓之以理。

营养早餐 ABC

·案例·

"牛牛，吃早饭啦！"妈妈在厨房里大声呼唤。"不玩了不玩了，妈妈催我们吃早饭咯！"爸爸赶紧对和他玩"熊出没"的牛牛说道。牛牛学着熊二的样子从卫生间里跑出来："俺来啦！俺来啦！"

可是刚坐上餐桌，牛牛的脸色就变了，他撇了撇嘴："我吃不下！""早饭一定要吃的，这样我们才能长得高高的！"妈妈边劝说边将热腾腾的牛奶端过来。牛牛的声音更响了："我吃不下嘛！"妈妈对爸爸抱怨："你看看你儿子，每天一到吃早饭就发脾气，这么瘦小被大孩子欺负怎么办？"爸爸拿起两个蛋放在眼睛上逗着牛牛说："熊二，你就吃点啊！"牛牛不领情，手一甩说："又是牛奶和鸡蛋，我才不要吃！"妈妈赶紧坐在牛牛身边帮忙剥起蛋来："瞧，这不是鸡蛋，这可是妈妈特地给你买的鸽子蛋！""不要不要，就是不要！哼，还不是蛋！""你这孩子，怎么这么不听话，牛奶鸡蛋多有营养啊！不吃你怎么有力气学本领，怎么有力气玩？真是太让人操心了！"

·案例分析·

俗话说，"早餐吃好，午餐吃饱，晚餐吃少""早饭饱，一日饱"。早餐的质量和数量关系到幼儿上午活动的能量，影响幼儿机体的生长发育。晚餐过了一夜已经被消化殆尽，消化道基本排空，早餐本该是孩子吃得最高兴的一餐，可是，牛牛妈却遇到一个十分头疼的问题——孩子不爱吃自己准备的早饭，母子对抗使早餐时间变得硝烟弥漫。

牛牛为什么不爱吃早饭呢？他的情绪是到了餐桌上才开始转变的，尤其那一句嘟囔"又是牛奶鸡蛋！"表明早餐品种太过单调，又长期不变，他吃腻了。然而妈妈也很苦恼——牛奶鸡蛋营养多高，不该坚持吃吗？另外有些家庭只重视午餐和晚餐，早餐弄得马马虎虎，孩子自然不爱吃那些随便塞给他的东西。

"吃"本来是孩子的最爱，但当"吃"已经成为孩子的苦恼和负担时，家长与其埋怨孩子，不如做个反思，找出孩子不爱吃早餐的真正原因：身体不适，吃不下？食欲不振，不想吃？起床晚动作慢，没有时间吃？食物不对胃口，不喜欢吃？根据不同原因、不同情况，采取不同的解决办法。

·应对方略·

如何才能让孩子主动吃早餐，爱吃早餐，让早餐时光变得轻松愉快呢？

一、了解并遵循幼儿膳食营养的配制原则

要理解并重视"早餐要吃好"的"好"字，遵循四点原则：

1. 营养平衡合理

依照食物性质和所含营养素的类别，可以将食物大致分为谷薯类、蔬菜水果类、大豆类、动物性食物和纯能量食物五大类。家长要根据营养金字塔的比例，根据幼儿消化能力进行合理选择，满足幼儿的能量需求。

有的父母重视了早餐的营养，像案例中的妈妈那样，天天给孩子喝牛奶吃鸡蛋，却忽略了膳食平衡问题。固然，牛奶鸡蛋能供给优良的蛋白质，但碳水化合物含量较少。幼儿园的活动主要在上午，孩子上半天所需的热能只靠蛋白质供给，量既不足，又浪费了蛋白质。所以在喝牛奶、吃鸡蛋的

同时，还应加馒头、面包、饼干等食品。

2.品种丰富多变

改变牛奶、面包、稀饭等食品独占早餐桌的现象，每天尽可能变化食物品种，让每餐中能有多种食物，做到：

（1）干稀搭配

光吃稀食，如稀饭、米汤、豆浆等，能量不够，光吃干食，如馒头、面包、蛋糕等，水分不足，消化不良。

（2）荤素搭配

早餐应该包括蔬菜、鱼肉蛋豆类和主食，这样能够维持人体血液酸碱度的平衡，减轻胃肠道的压力，提供丰富、足量的营养。

3.菜肴烹饪有道

花些心思在烹饪和装盘上，做到让食物色诱人、味可口、香气浓、花样多，这样可以增强幼儿食欲，促进机体消化吸收。

二、保证充裕的时间，创设温馨的氛围

研究显示，现代过快的生活节奏已经波及儿童的情绪与健康。尤其是晨间的仓促，使家庭早餐变成一件匆忙应付的任务，导致孩子没有时间、没有胃口、没有心情好好享用早餐。有些父母早上忙于赶时间上班，匆匆给孩子随便吃点什么，

甚至未等孩子吃完，便一起动身。孩子经常处于半饥饿状态，上午上课或游戏等活动所需要的热量很难得到保证。长此以往，孩子机体所储藏的能量减少，必然日益消瘦，影响健康成长。

家长应该根据孩子的年龄特征及能力习惯，培养孩子合理固定的起床时间，保证起床距出门至少有一个小时的间隔，让孩子能够有条不紊地喝水、如厕、刷牙、洗脸等，放松胃部，调整心情，从而可以悠闲地享受美味的早餐。

家长要以身作则，不仅要求孩子吃早餐，全家人也应带头愉快地坐下一起吃早餐，这样一来，孩子自然也就乐意加入"全家聚会"当中，津津有味地品尝早餐。

三、让孩子成为舌尖上的主人

家长不妨试着让孩子做早餐的主人，开启"早餐达人"模式。年龄小一些的孩子可以参与第二天早餐的准备工作，和大人一起去菜场、超市，认识各种食材，购买喜欢的点心；大一些的孩子则可以参与制定餐单和制作早餐，如晚饭后和父母一起根据膳食配制原则及喜好，商讨明天的菜谱，确定"一周菜单"，讨论"最爱的早餐"，评选"早餐达人"。到了早餐时光，家长可以让孩子用工具煎一个爱心鸡蛋，用果酱在烤面包上画个小人，用蔬菜在稀饭上摆出图案，等等。面对自己的"作品"，孩子一定吃得有滋有味。

家庭中的运动

· 案例 ·

　　果果是一名胃口很好的小朋友，奶奶总是乐此不疲地变着法儿给他准备每日三餐，家里各种零食、水果、点心应有尽有。果果每天吃得好、睡得香，对一切美食都不拒绝。但是果果爱美食这件事，却没有给他带来健康的体魄，感冒、扁桃体发炎、发热、咳嗽对他来说是家常便饭。

　　果果妈妈偶然看到一篇关于如何教养孩子的文章，引发了全家人对于儿童运动与健康这个问题的思考。经过家人的共同讨论，爸爸妈妈开始尝试鼓励果果多做运动。根据他个人的喜好，爸爸妈妈为他买了各色的球类玩具，皮球、足球、羊角球、羽毛球、乒乓球、板球等；同时为果果制订了运动计划，实行运动奖励制，参加一次体育锻炼就奖励他一个小星星，累计5颗星星，可以满足他一个小心愿。

现在果果非常喜欢运动,周末只要天气晴朗,他就会主动要求家人陪他去体育公园做球类运动。让爸爸妈妈最为欣慰的是,现在的果果快乐又健康。

·案例分析·

孩子健康成长是天下父母最朴素也是最美好的心愿。和果果的奶奶一样,不少家长受传统养育观念的影响,一个劲儿地鼓励孩子多睡、多吃,让孩子摄入大量营养食品和保健品。但事与愿违,这样吃东西的孩子往往体质并不好,还时常疾病缠身。

果果妈妈在养育孩子的实践中不断地思考,学习新知识,调整育儿方式,不仅给孩子提供满足身体生长发育需要的物质条件,还根据果果自身的兴趣,引导孩子开展适宜的运动,并采用激励机制激发孩子运动的积极性,使孩子的身体素质得到明显提高。

在儿童成长过程中,膳食与睡眠非常重要,但运动的作用也不可忽视。有专家指出:"运动时,孩子要不断接受各种信息,并将这些信息传入大脑,处理后再传出来,指挥肢体去完成相应动作,这个过程对孩子的大脑发育起到了非常关键的作用。如果孩子得到的这类刺激总量不够,孩子的能力发展就会受到很大限制，长大以后再去补充是非常困难或者说是不可能的。"

体育运动提供了一个经过努力，取得胜利，获得快乐的全过程。即使失败了，鼓励孩子"再来一次"，对孩子的心理发展也有很大的帮助。

·应对方略·

一、家长参与亲子运动益处多多

工作的快节奏和生活的压力让很多家长无暇顾及孩子，城市儿童"精神留守"现象渐渐突出。专家们呼吁家长关注孩子的身心健康成长，多带孩子做亲子运动。

运动不仅是肌肉动作的一个过程，也是一个非常重要的情感经历。幼儿做运动时需要家长引领，父母参与其中，陪伴孩子运动并及时给予孩子支持和鼓励，不仅可以增加自己与孩子的身体接触，促进孩子身心的发展，而且增进了亲子之间的情感联系，有助于孩子个性的完善和提升。通过亲子运动这个互动平台，孩子的社会性关系可以得到进一步发展，有利于孩子的心理发展，以及健康的生活方式和习惯的形成。

二、爸爸更能激发孩子运动的积极性

不少父亲感叹："孩子太懒了，根本不愿意坚持锻炼身体。"其实孩子不愿意锻炼不完全是孩子的错，父亲应该对此负责。孩子因为年龄小，自制力差，兴趣转移快，所以他们做事往往没有恒心。既然如此，与其跟孩子空讲体育锻炼的意义，不如陪孩子一起做运动。从亲子的角度来说，孩子和爸爸一起做游戏，会更有活力，玩得更"疯"，心智发展也更健全。当爸爸带着孩子一起体验运动的乐趣，坚持一段时间后，孩子一定会爱上运动的。

专家指出："大量研究表明，与父亲接触少的孩子，体重、身高等方面的发育速度比同龄的孩子更迟缓，而且普遍存在焦虑、缺少安全感、自尊心不强、自控力差等情感障碍。随着孩子进入幼儿期、儿童期、青春期，父亲的教育作用越来越重要。在运动中，爸爸的教育会让孩子学会合作，正确对待输赢，让他们内心充满自信、勇于挑战、乐于冒险，不怕挫折。"

三、因地制宜选择合适的亲子运动项目和器械

要让孩子喜爱运动，爸爸妈妈要多动脑筋，最好是全家上阵，全心投入，营造其乐融融的氛围。社区里的各种锻炼器械要有选择地利用，注意不要让孩子使用健美器械负重锻

炼肌肉，那可能使心壁肌肉过早增厚而限制心腔容积的增加，不利于儿童心肺功能的正常发育。让儿童游泳、爬山、远足是周末较好的休闲运动。

除了户外运动，每天规划一定时间，利用家中现有的材料也可以开展一些趣味性强、活动量小、空间要求不高的运动。如用纸箱、桌椅、软垫等练习钻、爬、跳，用皮球、饮料瓶玩打"保龄球"的游戏，甚至家里的床单、绳子也可以用来开展趣味体能游戏。同时注意劳逸结合、全面锻炼，使孩子的身体得到协调、全面的发展。

四、开展亲子运动的注意事项

1. 不过度干涉和禁止孩子自发的运动

对于孩子的运动兴趣，家长要多支持、少禁止，引导孩子参加各种有益的体育活动，尊重其主动选择运动的积极意愿。运动是孩子成长的需要。孩子奔跑跳跃、爬高爬低，弄得满头大汗、一身灰尘，家长不要过于担心。其实这些爱动的孩子往往不容易摔跤；相反，那些平时不爱运动的孩子更容易走路不稳，稍一跑动就容易摔倒。

2. 贵在坚持，注意安全

运动贵在坚持，经常运动才能真正取得健身的效果。家长一方面要及时鼓励孩子，以自身为榜样给孩子做示范，带动孩子参与运动的积极性；另一方面，家长要注意场地和器械的安全，教会孩子正确的运动方法，自己在旁做好保护，并有意识地利用运动的时机，发挥幼儿在运动中的独立性、自主性和创造性，培养孩子活泼开朗的性格和灵敏协调的能力。

·知识延伸·

智商（IQ）能够衡量孩子的聪明程度，情商（EQ）能够衡量孩子的个性特征，体商（BQ）则能衡量孩子对体育锻炼的热心程度及参与运动的水平。

体商（BQ）是衡量一个人活动、运动、体力劳动的能力和质量的量化标准。

亲子运动指幼儿和家长共同开展的以生动、有趣的体育游戏为主的活动。

穿衣的学问

·案例·

星星生得漂亮，妈妈给她买了一身又一身的漂亮裙子，把星星打扮得人见人爱。星星也经常穿着蓬蓬裙、连裤袜和小皮鞋，在众人的赞扬声中、在同伴的羡慕眼神中微笑。

这天，星星正在小便，妈妈突然听到她哭诉："疼……疼……"妈妈急忙问："哪里疼？"星星手指着小便的地方："这里疼……"妈妈心里"咯噔"一下，赶忙带她来到医院。医生确诊是急性尿路感染，询问星星妈妈后得知，星星擦洗屁股的方式是正确的，平时喝水量也还好。医生的目光落在星星的漂亮裙子上："孩子经常穿这种化纤的衣服和弹力紧身连裤袜吗？"妈妈有点明白了，答道："是的……"医生说："看来原因找到了。"

除了开药以外，医生叮嘱星星和妈妈："以后少穿化纤的衣服，尤其是紧身的连裤袜！尽量多穿纯棉的衣服，还要多喝水，多小便，很快就好了。"母女俩牢牢记在心里。

回到家，妈妈打开星星的小衣柜，把紧身的衣服都收了起来，重新买了许多棉质的衣裙，并叮嘱星星按时吃药，多喝水，多小便。很快，星星的病就好了。

·案例分析·

妈妈想把自己的孩子打扮得漂漂亮亮的，这是人之常情，让孩子穿漂亮衣服，也是审美教育的一部分。但星星妈妈过于注重服装的款式，不自觉地忽视了孩子的着装需求。

孩子的服饰，首先需要的是安全——面料材质不含有毒有害物质；其次是舒适——柔软、透气、宽松；再次才是美观。漂亮的衣服未必舒服、健康，而星星母亲爱美之心过强，忽视了孩子穿着的安全健康，导致孩子的身体拉响了"警报"。

·应对方略·

让孩子们的穿着既漂亮又不因着装而发生安全事故，这是家长的心愿。

孩子的新陈代谢比较旺盛，皮肤薄嫩，而且活动量大。

因此，孩子的着装需求和成人有所不同，家长要多方考虑，为孩子科学、合理地选购和选穿服饰。

一、服装的选择

1. 服装的质地

应选择柔软且吸湿性良好的棉质衣料，尤其贴身的内衣，一定要选择浅色的棉质衣料。鞋子以布或真皮为佳，或者是比较透气的运动鞋，鞋底不能打滑。衣料的花色、质地过于精致，饰物有响声或发光的，不适合幼儿集体生活时穿着。

2. 服装的式样

款式简洁明快为佳，不宜有太多配饰，如亮片、扣环、长带子、装饰拉链等。男孩不穿拉链式的裤子，以保证安全。衣服穿脱方便，尽可能在前面开襟，纽扣在幼儿能看到和摸到的地方，领子和袖口应有弹性，不穿背带裤。鞋子最好是不系鞋带的。衣裤要便于分辨前后，最好前身有口袋和图案，以免穿反。

3. 服装的大小

服装应合身，便于活动玩耍。可以宽松些，不要穿紧身衣裤，松紧裤腰要与孩子的腰围相适合，以免影响孩子的血液循环和生长发育。但鞋子不应该太宽大，最多大半码，脚趾前端有保护设计的凉鞋更加安全。

二、服装的选穿

1. 看天气穿衣

孩子往往不管天气冷暖，只想穿自己中意的衣服，家长要指导幼儿选择适合时令和天气的服装。每晚入睡前，根据明天的活动内容和天气预报，家长和孩子一起准备好第二天的着装，如雨天准备雨靴、雨伞和雨衣，大风天准备挡风外套，烈日穿透气和防晒的衣服等，让孩子初步了解服装的实用价值。

孩子到底该穿多少衣服？简单的办法是参考妈妈，和妈妈穿得一样多，或者多穿半件；不应参考奶奶外婆，老人怕冷，所以总给孩子多穿，生怕孩子冻着。过多过厚的衣服，会让孩子出汗，汗水捂在厚衣服里面透不出来，凉凉地贴在身上，反而更容易让孩子生病。除冬天户外活动及盛夏遮阳外，一般尽量少让孩子戴帽子，以锻炼孩子的御寒能力。让孩子知道爱运动、爱锻炼就不用穿得太多，身体长得棒，也能抵御寒冷的道理。

2. 看场合穿衣

家长应给孩子讲解一些穿衣常识，如要看场合穿衣，衣物、颜色怎样搭配，使孩子获得有用的生活常识。如游泳要穿泳装，体育课要穿运动鞋，小聚会需要穿较正式而精致的衣服。有些特殊场合对着装有明文规定或约定俗成的要求，例如公司白领上班要着正装，办丧事时最好穿黑色和其他素色的衣服，而节庆活动以喜庆色彩的衣服为宜，让孩子了解服装还有社会价值。

慎用药物保健康

丹丹的身体常常让妈妈操心，每到季节变换的时候，总会出状况——发烧、流鼻涕、咳嗽。妈妈看着揪心，听着痛心，去医院挂水的一套流程已经很熟悉了，孩子的常用药也已耳熟能详。

最近，丹丹妈妈碰到一位老同学。说到孩子生病，老同学说："在国外，孩子发烧在 38.5 度以下，只做物理降温，很少挂水，抗生素更是严格控制的。"老同学还给她介绍了一些家庭常用药，丹丹妈妈觉得很有收获。

这天，丹丹又咳嗽了，妈妈在老同学的指导下买了止咳糖浆，丹丹喝下去后，似乎好多了。妈妈心里一喜，这比去医院挂水便宜多了，而且少受罪。谁知没过多久，女儿又开始咳嗽了，妈妈想再观察几天，可是 5 天过去了，丹丹的咳嗽逐渐加重，夜里也睡不好觉，不得不去医院。医院检查确诊为细菌性支气管炎，服用止咳糖浆反而延误了最佳诊治时期，越喝越咳。采用正规治疗以后，丹丹的病情才逐渐好转。

丹丹妈妈懊悔不已，埋怨老同学，对方还奇怪：我自己用下来挺有效果呀？

·案例分析·

给孩子治病，丹丹妈妈走了两个极端，起先过分依赖输液，后来又怕"过度治疗"，对于别人自行服药的经验颇为心动，于是也自己买药给女儿吃。没想到对别人有效的药物不一定对自己的孩子有效，结果适得其反。

丹丹妈妈不光应该"后悔"，更应该"后怕"。她和老同学都不具备专业医学知识，无法科学地诊断孩子的病情，随意使用药物，导致的后果无法预料。她们只感到自行用药方便，没有考虑一旦用药不当需要承担的风险和可怕后果。"爱"孩子却险些"害"了孩子。

家长应如何正确用药，保障孩子的健康与安全呢？

一、及时看病

就像刚冒出的火苗容易扑灭，疾病初起时用药疗效更好。家长对孩子的健康状态要心中有数，一旦发现异常，要及时去正规医院就医，不要拖延。

二、就医前不自行用药

除非情况紧急，或确知孩子的病因，否则在送往医院前不要自行用药，以免影响医生对孩子病情的诊断和治疗。有些家长一听说外地发生流行病，就赶紧给孩子提前吃药"预防"，容易吃错药，引起药物蓄积中毒等不良反应。

上一次生病吃剩下的药也不能不顾病情直接吃，毕竟前后病因可能有所不同；况且隔了一段时间，药物可能过期、变质。

三、用药注意事项

药品的使用时间、次数、剂量等，都有对应的年龄和症状要求，需要精确地用药，才能安全发挥药效。

1．用药时机。儿童体温较成人高，体温低于38.5℃时，不必用退烧药。可以先采用物理治疗，例如用酒精擦拭身体，或用冰袋进行物理降温。

2．用药种类。应根据病情和个体差异，正确选用药物，特别是不能滥用抗生素类药物。用药尽量简单化，能用一种药就不用两种，以免药物作用叠加。联合用药应考虑药物间的相互作用，对于药名带"复方"两字的要慎用，单一成分的药物更安全。

3．剂型剂量。每天吃几次、每次吃几粒，药物包装上有说明的，以说明为准；医生有另外嘱咐的，以医生的话为准。儿童药物用完后，切忌拿成人药代替，应去医院就诊，医生会根据孩子的体重、体表面积折算后指导用药。

4．给药方式。首选口服药。儿童科学用药的顺序为口服、肌注、静脉输液，能口服就不要挂点滴。大多药物只能用白开水送服，用各种饮料送服可能会发生不良反应。如果想借助一些有味道的液体，让孩子更容易下咽，要请教医生。几种药物同时服用可能引发不良反应，也应请教医生。

5．停药。如果孩子用药后如果出现皮疹、发热、寒战、恶心、呕吐、呼吸困难或头痛等症状，应停药并尽快就医。

四、家庭小药箱管理

1．要分门别类。成人用药和小儿用药分开、内服药和外用药分开、急救药与常规用药分开，并要标示清楚。这样，需要时就能很容易找到所需药品，避免因着急误服。

2．保证有效期与药名清晰。存放药的瓶、袋、盒上的原有标签要保持完整；没有标签时，要详细标明内装药品的名称、用途、用法、用量、注意事项和有效期等。

3．于阴凉干燥处存放。药品（尤其是中成药）怕受潮受热，要放在干燥、避光和温度较低的地方。药品应装入瓶中密闭，不能直接装在纸袋纸盒里保存，以免久贮后氧化或潮解。

4．药品不宜混装。不要把几种药装在一个瓶子里。不宜用以前装药品的空瓶子存放另一种药物，以免引起混淆而错服。如果使用原来的空瓶，也应按照所装药品的实际名称更改标注，以保证用药安全。

5．适时淘汰与补充。

6．药箱置于儿童不能触及的地方。

五、日常保健用食疗

家庭保健以天然食物提供营养和运动方式为较安全的选择。

一些家长为了增强孩子的体质，长期给孩子服用维生素、微量元素，以及一些名称诱人的保健品，这可能出现"不对症"或"过量"等副作用。

　　如果所购"保健品"或"食品"被宣传或标明具有某些"治疗"作用，就要看作"药物"，服用前应先咨询医生。

恼人的 iPad

···· · **案例** · ····

豪豪是一个小 iPad 迷。每天早上睁开眼睛就要玩 iPad 里的游戏，晚上也一定要玩 20 分钟才肯睡觉，否则就大哭大闹。

爸爸妈妈想尽了各种办法：不充电、藏起来、设定密码……结果却适得其反。豪豪老是缠着大人，像复读机一样不停地说："什么密码，什么密码？快点给我打开！"不理他，他就又是一通哭闹。

爸爸妈妈跟他讲道理："iPad 玩多了对眼睛不好，时间长了你就变成小瞎子了，什么都看不到了！"他说："我不要变成瞎子。""不想变成小瞎子，就不能玩 iPad 了，要让眼睛多休息。"这次对话起了一定作用，有几天豪豪明显在控制自己玩游戏的想法。不过，每当看到爸爸妈妈用手机上 QQ、发微信时，他就会很感兴趣地凑上去，表示要玩一会儿。几天之后，豪豪就又开始了没完没了的折腾。

·案例分析·

孩子们被好玩的智能电子产品吸引，最初家长觉得稍微玩玩也无妨，还对别人夸耀："我们家孩子可聪明了，iPad 玩起来老练得很，玩游戏、开音乐自己都会！"这种夸奖使孩子很得意，更加想表现自己的本事，在玩 iPad 中体验成功、获得快感。

另有一些家长找到了一个省力的育儿方式：每次孩子出现状况时，只要电视、电脑一打开，或者往孩子手里塞个手机、iPad，孩子马上就会安静下来不再纠缠；有的家长还觉得让孩子玩游戏是开发智力。殊不知，电子产品尤其是电子游戏，很容易让人上瘾，而 3～6 岁的孩子自控能力差，一旦着迷就很难克制欲望，一个个"小 iPad 迷""小手机控"就由此诞生了。

就像豪豪家一样，放任孩子使用电子产品的事态发展超出了许多家长的预料。这时，家长又担心孩子从小就依赖电子产品，不利于身心健康，而且成瘾后难以戒除，于是开始禁止孩子使用电子产品。可同时，家长忘了自己的瘾也不小，眼不离手机、手不离 iPad。有"低头族"家长做榜样，孩子怎么可能远离电子产品？

·应对方略·

一、家长澄清认识

1. 不能把孩子扔给"电子保姆"

许多家长觉得工作劳累，回家嫌孩子烦，把数码产品当作摆脱孩子纠缠的利器，是哄孩子的"电子保姆"。然而，屏幕讲故事、打游戏无法替代父母讲故事和亲子游戏，因为前者没有亲子之间的情感交流。

心理咨询专家认为，"电子保姆"现象给孩子带来的不良后果就是社交障碍。他们孤独沉默，不愿与人交往，沉浸在自我封闭的世界里，融不进周围的现实世界，也为以后网络成瘾埋下隐患。

2. 不能指望 iPad 充当"电子老师"

以 iPad 为代表的数码产品被众多新潮父母当作早教工具，以为可以锻炼孩子的耐性和手眼协调能力，可以教孩子读童谣、学知识。

iPad 真的可以担当起"电子老师"的职责吗？孩子认识世界需要用自己的感觉器官去看、去听、去触摸，自己动脑思考、发问。而智能电子产品最大的特点就是海量的信息存储，孩子手指一点就什么都有了，不需要记忆和思考，这样不利于孩子记忆和思维能力的发展。

电子产品发出的声音都是单向的，孩子们只能被动接受，所以对话交流能力必然下降。有研究表明，过早过多使用电子产品对儿童智商不利，会影响孩子的认知和情感发展。

人与人、面对面的交流和互动能帮助幼儿形成交往能力和良好性格。幼儿应该多和同龄人一起玩，多参与户外活动，在这个过程中学会如何控制自己的情绪，如何处理与他人之间的关系。长期对着无生命的电子产品，缺少亲子之间、同龄人之间的沟通交流，容易形成单向思维的定势，不仅交际能力逐渐落后，性格形成也会受到影响。

电子产品被称为儿童视力的第一杀手，0～6岁是儿童视觉发育的关键期，长期高强度使用电子产品会严重刺激眼睛，不利于幼儿的生长发育。电磁辐射还会影响孩子正在发育的脑细胞。孩子长时间以不正确的坐姿低头坐着玩电子产品，极易对骨骼和肌肉生长造成不良影响。儿科常见的头晕、恶心、上肢麻木无力、步态不稳，都是由此造成的早期颈椎病症状。

幼儿的身心发育尚不成熟，缺乏自控能力，在享受高科技产品带来的视觉及听觉刺激后，往往陷入依赖当中，危害自己的身心健康。

二、多陪伴孩子，亲子积极互动

很多年轻父母忙于事业，在孩子成长过程中缺位。殊不知家长才是早教的主角，是孩子成长过程中的重要他人，其他任何人或东西的陪伴都不能代替父母的陪伴。

父母要加强和孩子的交流与沟通，不能让冰冷的电子产品代替自己去陪伴孩子。一位幼儿园实习老师说："让电子产品代替自己陪伴孩子，孩子最亲的就是这些电子产品而不是父母了。为什么现在很多孩子对父母表现得很冷淡？原因之一就是父母很少陪伴孩子，亲子之间的感情并不深厚。"一位专家说："你用高科技把自己从与孩子的互动中替换出来了，高科技就把孩子捆绑住了。"

为人父母就须尽父母的责任，父母给孩子最好的东西有二——关爱和时间。父母要多花时间陪伴孩子，而不是让老人、电子产品或托管班去陪伴孩子，如果父母因忙于工作疏远了子女，那可就真是得不偿失了。

"陪伴"不仅仅是坐在孩子身边，更要保持亲子间的互动。如天气晴好时，带孩子参加户外运动，玩玩球、跑一跑，既帮孩子增强体质、保护视力，又让孩子感受到运动的乐趣，减少对电子产品的依恋，从心理和生理两方面把孩子从自我的世界中带出来。

三、健康地使用智能电子产品

强行戒掉手机、电脑并不是最有效的方法，关键在于科学使用电子产品。对不同年龄段孩子接触电子产品的时间和浏览内容的要求应不同，家长要严格控制。如两岁前，尽量不要让孩子接触任何电子产品；学龄前儿童每天玩 iPad、手机的时间应控制在半小时以内，看电视的时间每天最多不要超过两小时。关机后立即带孩子洗脸洗手，去除辐射灰尘。

怎样智慧地引领孩子使用 iPad 呢？

1. 控制时间。在孩子刚刚接触 iPad 时，家长就告诉孩子：跟积木、小汽车和布娃娃一样，iPad 也是一个玩具，再好玩也不能整天玩，该吃饭的时候，要乖乖地吃饭；该睡觉的时候，要乖乖地睡觉。

帮助孩子摆脱对电子产品的依赖，需要一个缓冲期和过渡期，即心理适应期。采用太过强硬的手段立即禁止孩子玩电子产品，易使孩子产生对立情绪和逆反心理，正确的方法是逐渐缩短孩子玩电子产品的时间。家长可以与孩子商量，一起约定每次玩电子产品不超过 15 分钟，并设置一个闹钟，说好："闹钟响了就要停止玩 iPad。"如果孩子做到了，就大力表扬，逐步让孩子形成规则意识；如果孩子不遵守约定，发脾气，家长不能屈从或打骂孩子，可以找其他事物来转移孩子的注意力，慢慢地引导他，或是以冷处理的方式，平静地等待孩子情绪稳定下来，再跟他好好讲道理。

2．调节亮度。屏幕亮度太高容易刺激孩子的眼睛，长时间使用会造成睫状肌受损，慢慢地会发展成假性近视。在光源充足的情况下使用 iPad 等电子产品时可将屏幕亮度调节至 10%，既不会损害屏幕，也不会伤害眼睛。

3．挑选出适合孩子年龄段的游戏。对 iPad 的着迷程度取决于游戏的类型，如《愤怒的小鸟》等游戏很容易使孩子着迷。家长要挑选画面优美、内容健康，适合孩子所在年龄段玩的游戏，也可以发挥网络的正面功能，和孩子一起搜索一些他想知道的知识，比如各种功能的汽车、海洋动物、恐龙发展史的图片，引导孩子明白，手机和电脑可以让他了解很多知识，主要是用来学习和工作的工具，而不只是玩具。

－ 保护好奇天性 · 激发探究欲望 －

－ 智育篇 －

享受大自然的馈赠

·案例·

　　夏天的傍晚，凉爽而又宁静。晚餐过后，小容和爸爸妈妈又出门散步了。走向小区公园的小路上，各种茂密的植物越发精神起来。一路上，三个人一起辨认了南瓜藤、爬山虎、割人藤……一阵微风吹来，妈妈抬起头，指着天空说："小容，快看！这片云朵和平时有什么不一样？这种云叫火烧云……"

　　到了小区公园，不知谁家的小狗和小容玩起了捉迷藏。小容跟着小狗跑到草丛里，蹲下来，埋头在草丛里拨弄着。只听他喊道："妈妈，快来看，蚂蚁在搬家，它们在吃一颗糖。哇，还有西瓜虫在狗尾巴草上爬来爬去！"过了一会儿，爸爸好像没有了耐心，想把小容叫出来，妈妈对着爸爸做了一个"嘘"的动作，制止了他快要脱口而出的话，并且拉着爸爸一起去看小容发现的蚂蚁王国。他们一起找到蚂蚁的家，看蚂蚁搬食物、吃东西。小容开心地说："妈妈，实在太有趣了！"

·案例分析·

当孩子走出家门，走进自然，迎接他的是一个奇妙精彩的世界。日月星辰、树绿茵浓、虫鸣声声……孩子对这些自然现象都会感到新奇，包括一些成人习以为常的事物。

当孩子对大自然的事物产生兴趣的时候，家长要像小容妈妈一样，给予孩子充分的探索时间和空间，让孩子尽情地去探索和发现。在这样宽松的环境下，一切事物都具有很高的教育价值。走进小公园，拨开草丛，他会发现各种各样的昆虫，在大人的帮助下，孩子认识了它们，了解了它们的生活习性；走在马路边，各种树木摇晃着绿叶，在家长的帮助下，孩子又认识了新的树木种类；甚至一阵风吹过，父母也能总结出南半球、北半球不同季节风向的特点。这，就是大自然的馈赠。

著名天文学家卡尔说："每个孩子在他们幼年的时候都是科学家，因为每个孩子都和科学家一样，对自然界的奇观满怀好奇和敬畏。"许多科学发现都是源于对自然的观察。孩子走进大自然，可以将大脑中的知识和真实世界中的各种现象联系在一起，孩子会真正发现"科学无处不在"。

我们是大自然的孩子，大自然是我们的老师。大自然真实、宁静，给我们舒适的感觉。对于孩子来说，直接接触大自然获得的经验比在书本上获得的知识要生动有趣得多，经常和大自然接触的孩子更能感受到生活的美、人生的美。

·应对方略·

意识决定行为，父母首先要有长远的目光，能够认识到孩子和大自然接触的益处。在这样的前提下，父母才会用孩子的视角看事物，才会有一双发现教育契机的慧眼。与此同时，家长要学习为孩子保护兴趣、营造环境、参与支持。

一、保护兴趣——学着当一名"听话"的家长

当家长拉着孩子的手走在路上，孩子突然驻足不前，此时，家长不要为了赶路急匆匆地硬拉着孩子向前走，而应停下脚步，蹲下问一问孩子，说不定他又发现了一样新奇的事物。如果孩子要求再待一会儿，家长就不要急忙离开，多给孩子一点时间和耐心，让他看个仔细、弄个明白。

有什么比让孩子始终对自然科学保持好奇心和兴趣更重

要的呢？做一名"听话"的家长并不是对孩子的溺爱，而是一种更高层次的教育智慧。

二、营造环境——学着当一名"爱玩"的家长

家长应该学会保护孩子对自然探索的兴趣，充满智慧的家长还会去营造一个让孩子自由探索的氛围。这些家长都明白，一颗勇于探索的心是多么的珍贵。带孩子走进大自然，把大自然带回家，让孩子的脑子里生长出各种新奇的念头，这可能就是孩子未来进行发明创造的源头。

春天来了，可以带孩子去寻找春天的足迹，摸摸小草，闻闻花香。夏天来了，带孩子去听听蝉声，数一数清晨荷叶上的露珠。秋天来了，让孩子去树林里捡拾飘零的黄叶，到果园里采摘丰收的果实，去田间地头抚摸那沉甸甸的谷穗。冬天来了，带孩子去雪地上打个滚，寻一寻梅花香自何处来。

从每晚的小区散步到假期的长途远足，从短途游览到周末近郊游玩，在家种植植物，喂养小兔子和蚕宝宝……大自然的馈赠无时无刻无处不在，而且形式从未有过限制。

三、参与支持——学着当一名"会玩"的家长

在对大自然的探索中怎么能少得了同行者？陪着孩子一起去冒险、探索，在这个过程中做一个跟随者、倾听者，和

孩子一起体验发现的快乐和惊喜。在这个过程中，家长是同伴、引导者，更是朋友。和孩子一起玩、一起参与活动，孩子能感受到家长对自己的支持，这会给予他们莫大的鼓励和力量。

世界上再也没有比大自然更好的老师了。家长要和孩子一起亲近自然、拥抱自然、热爱自然，共同投身到大自然中，感受大自然的奇妙。因为只有热爱自然的人，才会热爱生活。

云朵为什么是蓝的

·案例·

杨杨和妞妞在一起画画，不约而同地，她俩都在画纸上端的"天空"中画出了一片片"云朵"。接着，两个小伙伴为天空和云朵涂色，妞妞把天空涂成蓝色，云朵则留白不涂；杨杨先涂云朵，把云朵涂成蓝色，一朵朵涂得可仔细啦。杨杨的妈妈过来看孩子们画画，她先看了一眼妞妞的，再看杨杨的画，妈妈指着杨杨纸上的云朵说："云朵怎么是蓝色的呢？云朵应该是白色的。你看人家妞妞……"杨杨听到妈妈的质问，重重放下画笔，一手叉腰，一手对妈妈挥舞着，愤怒地说："你总是说我不好！哼，我就是要画蓝色的云朵！"妈妈愣住了……

喜爱绘画是幼童的天性，他们在绘画时常常天马行空、无拘无束。孩子的画向我们传达了他们内心五彩缤纷的童趣世界以及思想王国的奇妙景象。健康、自然的绘画状态，应该是放松、自如的，不受他人限制，也不过分在意他人的评价，是一种快乐而有意义的心灵享受。

案例中杨杨和妞妞都很享受自己的绘画过程，而杨杨妈妈的介入，以成人的眼光对比孩子的作品并做出主观评判，引发了杨杨的反感。成人以固有的审美观和自我经验去约束孩子的绘画行为，想使孩子的美术表现"标准化""常理化"，这种做法有弊无利，久而久之，会打消孩子喜爱美术的天性和自信。

家长还应注意：不要拿自己的孩子和别人家的孩子比，不要当着小朋友的面说自己孩子的不好。这会对孩子的自尊心造成十分严重的伤害。杨杨妈妈应该平和地问孩子，为什么要把云朵涂成蓝色，只要她说出理由，自己就表示理解；然后分别指出两个人的画好在哪里，而不是褒一张、贬一张。

一、多鼓励、多赞美，让孩子更有自信

当孩子把自己的画作拿给家长看时，家长不要吝啬对孩子作品的夸奖与赞美，可以选择孩子绘画中的构图、色彩、想象，以及孩子的认真态度进行具体表扬。如果孩子画得不够大胆自信，或是中途放弃，家长也应该鼓励孩子无须过于追求完美，尽力即可。

最好是让孩子随意画，他可能画得很"抽象"，家长不要否定道："一点儿也不像！怎么是这个样子呢？应该是……这样的。"当孩子求助家长画给自己看时，家长可以这样说："画画的目的不是为了把东西画得和你见到的事物一模一样，而是要画你的眼睛看见的、心里喜欢的东西，这样你画出来的就是专属于你自己的画，与别人的都不一样，只要是用心尽力画的它就是最棒的！"如果爸爸妈妈是画家，有足够的自信和水平教孩子绘画，那么偶尔画一画给孩子看也无妨。否则，教孩子画"标准的画"会直接扼杀他们的美术灵性。

二、利用生活中的契机，引导孩子积极主动地创作

1. 写生画。放一样物品在孩子面前，让他照着画，水果、

玩具，甚至活动着的动物都可以。也可以让孩子画家中的一个角落、一个场景。

2. 情境或主题画。一次聚会、一次游览、一场运动后，可以鼓励孩子以此为主题创作一幅画。

3. 兴趣画。每个阶段孩子都会有比较集中的兴趣点，比如交通工具、童话故事、游戏等，你可以提议他用画画表现自己当前的兴趣。

4. 日记画。建议孩子以画画的方式记日记，可以是单幅的，也可以是连续性的。

三、提供丰富、适宜的画材工具，让孩子享受创作的乐趣

专用的美术画材和家庭中常见的笔都可以用来画画。铅笔、签字笔、粉笔、蜡笔、水彩笔、水粉颜料、国画颜料……给孩子多种选择，让孩子感受使用不同画笔绘画产生的不同艺术效果。

提供绘画以外的材料让孩子进行创作。如各种材质的手工纸（卡纸、皱纸、瓦楞纸、宣纸等）、剪刀、胶棒、双面胶、透明胶、订书机、即时贴、橡皮泥、黏土……让孩子学会使用各种工具与材料。

运用生活中的自然物进行创作。孩子有时会摆弄家中的物品并下意识地组合成各种平面或立体图形，如用晾衣夹组

装成机器人、将瓶瓶罐罐垒高成火箭，甚至用桌椅摆放成具有对称效果的飞机……孩子的创意无处不在，家长更应该用心呵护他们的艺术灵性。

四、帮助孩子爱上艺术、坚持艺术的小秘诀

1. 尽早给孩子提供接触各种绘画和美工技能的机会。

2. 容忍孩子的艺术行为，带领孩子一起准备和收拾创作环境。

3. 帮助孩子整理对作品的口述，记录孩子创作过程中有趣的画面。

4. 经常展示孩子的作品，鼓励孩子向家人、客人介绍自己的作品，以获得认同感和成就感。

5. 带领孩子去美术馆、博物馆参观艺术展，提升审美素养。

生活中的数学

· 案例 ·

松松特别喜欢汽车，尤其喜欢乘坐公交车，外公外婆几乎每天都会带他坐一趟。他在坐公交车时认识了很多数字，于是爸爸妈妈给他准备了各种数字贴纸。松松就给小汽车贴上不同的数字，模拟公交车运行。每开出一辆公交车，他都会报这是几路公交车，从哪里到哪里，然后他会把相应的公交站名都一个一个地报出来。

趁着每天等公交车的间隙，外公外婆都会让松松站在站牌下先看看公交车首、末班的时间，再数数从起点站到终点站一共有几站，然后挑一段路再让他数数有几站。松松可喜欢这个游戏了，有时候还会反问外公外婆。

一段时间下来，松松通过数站台就能知道还有几站就要下车到达目的地了。后来外公外婆还引导松松思考：公交车那么多，为什么我们总能坐到回家或者是想要去的地方的公交车？原来公交车上的数字很重要，带有不同数字的公交车会带人们去往不同的地方。现在松松知道自己坐几路公交车可以回家，坐几路公交车可以去公园玩，甚至还知道搭乘不同的交通工具能去更远的地方。

·案例分析·

数学源于生活，日常生活中处处包含着学习数学的好机会。

每天坐公交车是松松的实际生活，他在坐公交的时候认识了数字。爸爸妈妈及时地捕捉到了松松对数字的敏感性，从兴趣出发，采用游戏的手段帮助其巩固学习，通过模拟公交车运行的游戏，巩固他对数字的认识及对公交车的运行线路的了解。外公外婆通过数站台的游戏发展了松松手口一致点数的能力，松松通过数站台就能知道还有几站就要下车又实际练习了数数的能力。慢慢地，松松还理解了数字不仅仅表示数量，还能表示公交车不同的行车线路。

家长在学习数学方面给予了松松有力的支持和正确的引导，让他不知不觉、轻松愉快地学到了丰富而具体的数学知识，也激发了他对数学学习的强烈兴趣和探究品质，为以后的数学学习打下了坚实的基础。

·应对方略·

既然数学源于生活，在幼儿丰富多彩的生活中可以随意寻找到数学学习的素材，那么家长要注意些什么才能有效培养孩子对于数学的兴趣和学习力呢？又可以怎么做呢？

一、科学认识幼儿的数学教育

有的家长以为让孩子学数学，就是数一数 100 以内的数，做做加减法就行。著名数学家陈省身先生在 2000 年全世界数学家大会上指出：

"我们每个人一生都花了很多时间来学数学，但其实我们只是学会了计算，而不是数学。"实际上，学数学的意义在于锻炼孩子的思维能力，培养他们的逻辑推理能力。

幼儿数学的主要内容应包括：理解数概念，了解简单的几何形体，学习事物的空间关系和时间关系，养成一些简单的数学操作技术（如自然测量）等方面。这几个方面不分轻重，缺一不可，在发展幼儿逻辑思维的同时，还发展了其观察力、注意力、记忆力、空间想象力等能力。

家长还要特别注意，孩子学数学不是一蹴而就的，要根据自己孩子的性格特点和接受能力，由易到难，由具体到抽象，循序渐进地进行，不能急于求成。

二、重视幼儿发展的数学敏感期

研究证明，幼儿在 4 岁前后会出现一个数学敏感期。在此期间内，他们会对数字、数量关系、排列顺序、形体特征等突然产生极大的兴趣，对它们的种种变化有着强烈的求知欲。错过了数学敏感期，有的人可能一生都无法对数学产生兴趣，甚至害怕数学。

心理学家发现，一个孩子对数学是喜欢还是厌恶，大多数是在幼儿阶段形成的。家长要抓住幼儿的数学敏感期，适时地对他们的数学能力进行开发和引导。

三、立足幼儿生活的数学学习

幼儿学习数学必须借助材料，把抽象的数学知识具体、生动地呈现在面前，使他们容易理解和掌握。因此，在日常生活中，家长要立足于幼儿的生活，善于结合各种生活小事，抓住时机对他们进行数学学习方面的教育。

四、开展源于生活的数学游戏

游戏是幼儿学习的重要形式，因此在生活中家长可以通过游戏的手段让孩子在轻松愉快的氛围中学习数学。

例如，当孩子积累了丰富的"逛超市"的经验后，家长可以把家中的物品布置成小"超市"，和家人分别扮演老板和顾客，在"购物"的游戏环境中，孩子自然就学会了比较数字的大小、简单的加减运算，甚至能够认识一些不同面值的人民币。

再如，在家庭中开展堆积木游戏，孩子在玩积木时不仅可以掌握基本的数字概念，还可以通过堆放积木感知尺寸、形状、重量、体积、对称、空间关系等基本概念。

家长还可以用扑克牌或者骰子等常见的游戏道具，来教孩子学习加减法，让加法和减法变得有趣而生动。

五、进行着眼于生活的思维训练

除了专门的游戏，在日常生活中家长也有很多的时机可以引导孩子学数学。比如，让孩子在吃饭前分碗筷和勺子，过生日的时候分蛋糕等，帮助孩子理解一一对应、等分等概念；上楼梯时数楼梯的阶数，吃水果时一起思考"一共 5 个香蕉，妈妈一个，爸爸一个，宝宝一个，还剩几个？"帮助孩子学会数数和简单的加减法；散步时，家长可以引导孩子理解远近、快慢、前后的概念；家长还可以通过观察日历的方式，帮孩子了解年、月、日、星期的概念，知道今年是哪一年？一年有几个月？数一数一周有几天？等等。

爱上阅读

·案例·

　　每天吃完晚饭，妈妈都会给灵灵安排读书时间。每当这时候，灵灵总是推三阻四，磨磨蹭蹭，找各种理由推脱，就是不乐意主动去看书。

　　今天还是一样，灵灵一会儿说要上厕所，一会儿说想画画，好不容易闹腾完，在妈妈的威慑下才不情不愿地走到小书柜前，随意拿起一本书翻看了起来。

　　只见灵灵打开书，还没看一眼，"唰唰唰"就已经连续翻过了好几页。很快她就合上书，往桌边一扔，又拿起另一本，同样很没耐心地翻看着。很明显，灵灵根本没有看进去。

　　妈妈在一旁看着，不由得发起火来："灵灵，看书要一页页慢慢看，你是怎么看书的呀？你看隔壁家的媛媛，人家每天都自己认真看书，现在都认识2000个字啦。你再不认真看书，以后学习可怎么办呀？""我就是不要看书，也不要学习！"灵灵一听情绪更加激动了，索性把手里的书直接扔在地上，发起脾气来，妈妈又一次无可奈何。

妈妈认为看书就是为了认字，为了以后的学习打下基础。灵灵不爱看书这件事，让妈妈十分头疼，到底该怎么办呢？

·案例分析·

当孩子不爱阅读时，父母不应该强制孩子去阅读。阅读不应该是逼出来的，不是强加给孩子的任务。当孩子不喜欢阅读时，家长应该寻找孩子不爱阅读的原因，也要反思自身的教育方式有没有问题，从而有针对性地解决问题。

早期阅读的关键不是识字，而是培养孩子的阅读兴趣和阅读习惯。灵灵妈妈偏执地认为阅读就是为了让孩子认字，为以后的学习打下基础，还盲目地将自己的孩子和别的孩子进行比较，让阅读成了孩子之间的一种攀比，成为衡量学习好坏的一种标准。这样做在很大程度上伤了孩子的自尊心，也加深了孩子对于阅读的排斥。如此恶性循环下去，将极大地影响孩子和妈妈之间的关系。

家长要让孩子爱上阅读，就要端正自己的阅读目的，去发掘孩子对于阅读的兴趣点，并以身作则，将好的阅读习惯在日常生活中一点一滴地渗透给孩子。要让孩子爱上阅读，是一项长期工程，不是一朝一夕就能养成的，家长需要更多的耐心和信心。

重视孩子阅读习惯的培养，从小培养孩子爱读书、读好书的习惯，将使孩子受益终身。

·应对方略·

阅读可以引导孩子从口头语言向书面语言过渡，阅读有助于孩子形成良好的品德和健全的人格。虽然大部分孩子都喜欢翻看五颜六色的图画书，但不一定每个孩子都会阅读。

要让孩子学会阅读，爱上阅读，还要从培养孩子的阅读兴趣开始。那么家长们要如何让自己的孩子发现读书是一件有趣的事情呢？

一、书香环境的氛围熏陶

平时多让孩子感受书香的氛围，比如多带孩子去书店、图书馆等阅读场所，让孩子亲身体会我们的生活离不开阅读。在家中更要为孩子创设充满书香的环境，可以为孩子设置专门的读书角，提供适合孩子年龄段的各种图书和杂志，给孩子提供丰富的选择空间。

大人也要爱读书。在家中订阅多种报刊，有较多藏书，平时有每天读书阅报的习惯，这些都会潜移默化地影响孩子，让孩子感受到书的重要性，习惯生活中与书相伴。爱模仿的孩子在家人每天阅读的熏陶下，也会逐步爱上阅读的。

二、把好选书关，投其所好

在孩子还没有爱上阅读时，选择孩子感兴趣的图书，投其所好，可以慢慢激发孩子的阅读兴趣。家长可以日常观察孩子对哪些事物比较感兴趣，有针对性地为孩子选择他可能会感兴趣的图书。比如，孩子比较喜欢动植物，就可以选择相关的科普书；孩子喜欢托马斯火车，就可以选择相关的故事书。家长还可以带孩子到书店鼓励孩子自己去挑选喜欢的、愿意读的图书，只要内容健康那就可以为孩子购买。

只有找对孩子的兴趣点，为孩子的阅读增加乐趣，才能慢慢引导孩子走上阅读之路。等孩子爱上阅读之后，他阅读的内容范围自然会越来越广泛，受到的助益也会越来越大。

三、亲子阅读好处多

要想让孩子爱上阅读，一开始家长要带着孩子阅读。亲子阅读不光可以促进亲子之间的感情交流，还能帮助孩子养成好的读书习惯。

首先，要坚持每天读，让孩子养成每天定时阅读的习惯；其次，注意循序渐进，刚开始父母可以读给孩子听，并用手指着读，这样可以潜移默化地帮助孩子对文字产生兴趣，为其以后的自主阅读打下基础；再次，可以抑扬顿挫、有表情地读，必要时可以配以夸张的动作，这样既引人入胜，让孩子感受到文字之美，又能加深孩子对故事内容的理解；最后，要有互动，最好互问互答。

四、鼓励幼儿体验表演

对于幼儿已初步掌握的阅读内容，家长可以与幼儿一起体验表演。这特别适用于故事书，家长可以引导孩子用动作、语言等形式将书中的画面内容表现出来。对图书的重点情节或细节，家长要引导幼儿大胆独立地表现，通过自己的表情、言语、动作等外显行为进一步理解图书的内容，将静态画面与动态体验结合起来。

和孩子一起复述故事，表演故事内容，将孩子接收到的语言信息再相应地运用到动态情景中。这可以使孩子感受到更加丰富的阅读乐趣。阅读不光是看书，还能拓展成游戏。

找个小朋友一起玩

·案例·

　　颖颖从小到大一直由奶奶照顾，大家都觉得她很乖巧，就是有些胆小、怕生。

　　这天，妈妈带3岁的颖颖去游乐园玩滑梯，当时正好没人，颖颖一个人玩得很开心。过了一会儿，来了几个小朋友，颖颖一看到小朋友们就立即扑到了妈妈怀里，可怜巴巴地说："妈妈，我要回家。"妈妈意识到了问题，无奈，只好带着颖颖回家了。

　　第二天，颖颖又想去玩滑梯，妈妈答应了，但也向她提出了一个要求：不能一看到有小朋友来玩就要回家。颖颖先是不吭声，后来点点头答应了。很巧，这次又没有人，于是颖颖就进去玩滑梯了，但每时每刻都会注意着门口，还时常会跑过来拉拉妈妈的手。过了一会儿，来了两个小朋友，颖颖说:"妈妈,我玩好了!""再玩一会儿,颖颖最棒了。"妈妈翘翘大拇指鼓励颖颖。颖颖怯生生地站着不动,妈妈又说:"小朋友,跟我们家颖颖一起玩,好吗?""好呀!"小朋友们愉快地应答。起先,颖颖是看着他们玩,慢慢地,颖颖也跟着加入了游戏……

游戏结束,妈妈高兴地抱住颖颖:"颖颖真勇敢,下次我们还跟哥哥姐姐们一起玩,好吗?""好!"

·案例分析·

颖颖一个人玩滑梯能玩得很开心,可一看到有小朋友来玩,她就躲到妈妈怀里要回家,这说明颖颖不合群。

不合群的孩子大体上可以分为两大类:一类表现为怕生,沉默寡言,性格孤僻;另一类表现为爱哭闹,爱捣乱,爱逞能,爱惹是生非。显然,颖颖属于前一种,究其原因,一方面跟孩子的天生气质类型有关,另一方面跟后天的教养环境有关。颖颖妈妈由于工作关系,孩子从小到大一直由奶奶照顾,大家给孩子的评价是乖巧、胆小、怕生,其实,这样的评价很容易对孩子的性格发展造成影响,会成为"自动实现的预言"。

终于,妈妈意识到了问题的严重性,第二次带颖颖去玩滑梯之前，先和颖颖做了约定，并征得了她的同意。这次看到有别的小朋友来，颖颖不直接说"我要回家"，而改说"我玩好了"。但是妈妈很清楚女儿此刻的想法，于是在积极鼓励她的同时，又给她提供了适当的帮助，邀请小朋友和她一起玩。在妈妈的鼓励下，颖颖终于和小朋友玩到了一起。游戏结束后，妈妈拥抱并赞美了颖颖，强化了颖颖的交往行为。这次的交往经历对颖颖来说是非常积极的，会让她在以后的朋友交往中更加大胆、自信。

·应对方略·

多项调查表明，"同伴间交往的快乐是成人所无法给予的""亲子关系肯定不能替代伙伴关系"。但是，现在很多孩子是独生子女，城市独立单元的居住环境也阻碍了孩子间的交往。所以，要培养孩子合群的性格，一方面家长要积极为孩子创设与同伴交往的机会，引导孩子多参加集体活动，让孩子从小生活在同龄孩子的群体中；另一方面，家长还需多关注孩子的日常交往行为。

一、带领孩子寻找朋友

每天，家长可以带孩子在小区内散散步，或是到小区健身场让孩子跟小区内的小朋友一起玩。一开始，孩子可能会怕生，需要家长的陪伴，此时家长可以先带着孩子融入小朋友群体，不要担心孩子被排斥。然后，家长要慢慢放开手，让孩子独立融入小伙伴群体中。熟悉后，家长可以鼓励孩子带同一个小区的小朋友到家里玩，也可以允许孩子到别的小朋友家里去玩。

另外，家长也可以充分挖掘亲戚、同事、朋友圈中的资源，让孩子拥有年龄稍大一点儿的朋友。这样的朋友会成为孩子的行为榜样，有时还可以约束孩子的不良行为。

家长还要多创造机会，如利用双休日或其他节假日，与有孩子的同事约好，带孩子一起出游、度假，增加孩子之间的交往机会。

二、让孩子拥有相对固定的一个朋友

有家长说，自己想尽办法，孩子就是不愿意主动跟小朋友玩。的确有这样的情况，尤其是在托小班里。低幼年龄段的孩子喜欢黏着家人、亲近的人、经常接触的人。面对这种现象，家长可以先尝试帮孩子找一两个相对固定的朋友，孩子的生日可以邀请这位朋友参加，出游等活动可以相约一起去玩，帮孩子慢慢熟悉与人交往，然后一步步交到更多朋友，融入群体。

三、引导孩子学习和朋友一起玩的方法

家长是不是把孩子带出家门，带到有孩子玩的地方就行了呢？当然不是，家长还要鼓励孩子和朋友一起玩。一方面，家长要引导孩子学会用语言表达自己的意愿。如主动向朋友介绍自己："我叫×××，我想和你做朋友，你愿意吗？""你们的游戏真好玩，能让我和你们一起玩吗？"等等。另一方面，每次出去玩之前，家长可以为孩子多准备一些方便孩子之间互动的玩具，如皮球、玩偶、小汽车等，鼓励孩子大方地和朋友们一起分享玩具。

有时候，孩子的请求可能会遭到拒绝，这时，家长可以告诉孩子："小朋友不理你，不代表他不喜欢你，可能只是他今天正好不需要新的伙伴加入了，你可以明天再来试一试。"这样的做法有利于孩子拥有积极的交往心态，当孩子在一次次的尝试中慢慢学会了和朋友一起玩，他就一定能体验到同伴间游戏的快乐，自然而然就融入了集体当中。

家有琴童

暑假是文文最忙碌的时节，妈妈给她报了好多个兴趣班，在家还另有任务。图画班刚下课回家，妈妈就催："休息十分钟后，赶紧练琴啊。八月份你要参加钢琴等级考试，最近一定要认真！""知道啦！"满脑子想着赶紧玩一会儿的文文随口应着。十分钟很快就过去了，妈妈又催："别看书了，赶快弹琴！""哦！马上看完。""时候不早啦！""哦！马上就弹。"看着动漫书的文文小屁股挪都没挪。

妈妈火了，皱着眉头站到女儿跟前，吼道："还不快去！"文文像只见了猫的老鼠，赶紧"窜"向钢琴，撇着小嘴，万般不情愿地开始练琴。真糟糕，越不想弹越弹不好，原本已练熟的一首小夜曲，现在弹得断断续续的。"妈妈肯定又要吼了。"果不其然，妈妈"噌噌"地走过来："既然练了，就要认真些！妈妈可听着呢！把这首小夜曲连弹三遍！哪遍错了，再补三遍！""啊！哦……"文文知道，反驳妈妈的话下场就是再多弹几遍，可还是禁不住问妈妈："我什么时候才能不练琴，什么时候才能玩呀？"

·案例分析·

上兴趣班仿佛已成为一种风尚，家长们趋之若鹜。忙碌的文文就是在这种热潮中生活着的孩子代表。暑假，原本是让孩子尽情玩乐、重新蓄力，为下学期学习新知识储备能量的时段。可实际上在假期中，许多孩子和文文一样比上学更忙更累，因为许多家长和文文妈妈一样，把假期当成让孩子补课、学习才艺的好时光。在社会大氛围的影响下，家长生怕孩子落后于他人，跟风似的为孩子报上了各类兴趣班，还要让孩子应对各种考级的额外压力。

这些违背孩子兴趣的兴趣班，给孩子带来的并非快乐，而是厌烦、枯燥、挫折感，带给家长的是奔波接送孩子的劳累，以及孩子不听话或成绩不理想的焦虑、生气与无奈。

一、家长要明确让孩子上兴趣班的目的

家长应该确定"我为什么要让孩子上兴趣班":让孩子进行各种体验,帮助孩子寻找兴趣点?让孩子已显露的兴趣特长得到更好的发展?希望孩子将来从事某种专业?抑或只是因为"别人家的孩子上了,我家的孩子也要上"?

家长还要考量"兴趣班的价值何在"。儿童兴趣班是孩子在学校课堂之外能获得知识、提高能力、学习专长、培养情趣、得到快乐的一种课外组织形式。上兴趣班有利也有弊。兴趣班既可以让孩子学习知识、扩展视野、培养兴趣,又可以锻炼孩子的沟通能力、表达能力、人际交往能力、动手能力等,还能培养幼儿的审美力、表现力、创造力。但兴趣班也会占用孩子很多的休息时间,盲目选择兴趣班会导致孩子产生厌烦、枯燥、乏味情绪,也有可能给孩子带来挫折感等负面影响,严重的还会影响到孩子的身心健康。家长应理智对待兴趣班,防止其负面作用,千万不要让兴趣班剥夺了孩子幼年的快乐。

二、根据孩子的性格特点,选择合适的兴趣班

既然是兴趣班,当然要以兴趣引导为重点。一个人一旦

对某事物产生了浓厚的兴趣，就会主动求知、探索、实践、获得，并且产生愉悦感。孩子喜欢什么，家长应尽可能地创造条件让他去感受什么。

家长要根据孩子的性格，为其选择合适的兴趣班，让孩子感到有乐趣，能发挥自己所长，他才愿意学，也才能真正学到本事。强迫孩子去学，反而适得其反。所以，家长要根据孩子的性格特点认真思考："哪一种兴趣班适合我的孩子？"

喜欢模仿的，适宜学表演。这类孩子在人越多的场合，表现得越活跃，越希望自己成为主角。他们有引人注意的能力，比如丰富的表情、自然的肢体动作及高亢的声音等。这类孩子适宜到表演、主持、舞蹈等兴趣班中去学习。

喜欢打闹的，适宜学武术。这类孩子十分有活力，他们好动，注意力不够集中，难以较长时间地静坐、倾听。他们的动作协调能力较强，可参加跆拳道、武术和游泳等兴趣班，这有利于他们定下心来。

喜欢安静的，适宜学围棋。性格比较安静的孩子注意力集中，爱思考、比较，喜欢拼图、走迷宫一类游戏。可以让他们参加围棋、趣味数学或科学实验等兴趣班。

喜欢说话的，适宜学语言艺术或声乐。这类孩子一般开口说话比较早，并且喜欢学说大人的话，对富有旋律的音乐有特别的反应，会立即跟着唱或打节奏。这类孩子适宜学讲故事、相声、声乐或乐器。

喜欢动手的，适宜学手工。这类孩子比较有耐心，能完成技巧较高的活动，如串珠子、拆装汽车等，能坚持完成任务。他们可以参加培养动手技能的兴趣班，如书法、手工、珠算或小制作等。

三、如何确定选择哪个班

家长不妨亲自去培训机构的兴趣班听课考察一下，通过以下两种方式来获得正确选择的最终依据：

1. 去看一看。看看它的教学理念、师资配置和教学环境。

2. 去听一听。听听它的体验课堂是否活跃，教育方法是否得当，孩子是否喜欢，老师是否重视个体差异等。

家长对某个兴趣班有了意向之后，可以和孩子好好聊一聊，告诉他这个兴趣班是学什么的、怎么学、有什么好处，征求他的意见。如果孩子表示同意，还要告诉他在学习的过程中你可能会碰到什么困难，需要付出哪些努力。如果他非常喜欢，家长也认为所涉课程真的能对孩子起到积极的作用，并且是在家里无法做到的，就可以报名了。

理性选择兴趣班，从自家孩子的实际情况出发，切忌盲目跟风。

四、关注孩子在兴趣班中的感受

孩子进入兴趣班之后，家长需花些心思继续培养孩子在此方面的兴趣，利用好环境因素给予孩子潜在的影响。学习过程是循序渐进的，不要急于求成，也不要只重视结果，而不注重孩子的学习过程。

家长应关注孩子在兴趣班进行学习的过程中，他的反应以及他的获得是什么。例如参加乐器或声乐班，主要是让孩子去感受音乐，重心不是学习乐理知识，而是培养他对音乐的兴趣，提升他对音乐的感受力。要让兴趣班带给孩子快乐的能量，切忌在负面氛围中扼杀了孩子原本的兴致。

孩子感兴趣的事情，他们是可以坚持的，即便你不让他做，他也会坚持做下去，不需要父母去鞭策。但是，掌握技艺并非轻而易举的事情，即便是孩子感兴趣的班、感兴趣的内容，学习也不会一帆风顺，因为反复练习是枯燥的、艰苦的，当学习进入转折点时，孩子也可能感觉难以坚持下去。这时，家长要想办法鼓励孩子，告诉他胜利往往在"再坚持一下"中到来。

孩子学乐器、绘画等技能，如果能突破自己，上升到更高一个层次，他会体验到一种成就感，就能更加认真地坚持下去。但是在进入这样一个层次之前，他会比较苦，产生动摇，这时需要父母给他心理上的支持。

促进和支持的方式和时机要恰到好处，否则有可能适得其反；或者虽然逼得他坚持下来了，但是会给他造成一定的心理阴影。

当孩子想要放弃时，家长可以通过鼓励的方式，引导孩子坚持自己的兴趣，不轻言放弃，因为坚持也是一种能力。不要硬逼孩子，而是通过更巧妙有效的方式来达到目的。比如，经常跟他一起设想成功的欢乐、美好的前景；在他遇到困难的时候，表示对他的理解，帮助他化解压力，引导他在坚持的过程中感受快乐、体验成就感。这比纯粹的硬逼好得多。

如果家长一厢情愿地给孩子报了一个他根本不感兴趣的班，孩子在学习的过程中丝毫没有觉得喜欢、快乐，而完全是出于无奈、被迫，那就可以考虑放弃了。为什么一定要逼孩子去做他不想做的事情呢？放弃一种兴趣班，还可以重新选择另一种他更喜欢、更适合他的兴趣班。

— 个性篇 —

羞答答的玫瑰静悄悄地开

·案例·

幼儿园里，孩子们争先恐后地回答老师的提问，唯有彬彬每次在老师提问后就把头埋下去。当老师看着他时，他就浑身不自在，脸涨得通红。彬彬妈妈也多次向老师反映儿子的沉默寡言，每次带他出去玩，他总是避开别的孩子，一个人默默地玩，看到熟悉的人也不肯打招呼。

有一次，妈妈当着彬彬的面，故意对老师说（其实是针对彬彬说的）："老师，以后上课谁不举手你就叫谁。"说完还特意看了彬彬一眼。第二天早晨，彬彬妈妈拉着哭泣的彬彬来到幼儿园，告诉老师："他今天早晨一直赖着，不肯来幼儿园，说是老师要叫他回答问题。"

　　家长都希望自家孩子活泼大方，平时能主动与人交流，上课能积极回答问题。内向孩子的家长往往不能接纳、尊重孩子的个性，试图马上改变孩子内向的性格。

　　彬彬妈妈采取的方法就是"哪里痒挠哪里"：你不肯举手，我就逼着你举手；你不爱发言，我就让老师叫你发言。妈妈以为这样能锻炼孩子的胆量，帮孩子克服害羞心理，没想到彬彬由此不肯上幼儿园了。"哪壶不开提哪壶"的方法不但起不到矫正效果，反而使孩子更加恐惧退缩。

　　内向与外向，害羞或张扬本是个性问题，没有好坏之分。害羞可以减少危险的发生，内向的孩子会更沉静地进行观察、思索。他们同样能够很好地建立起自己的社交圈，只是需要更长一点儿时间。但这是一个节奏越来越快的社会，大家往往通过第一印象来判断一个人；这也是一个越来越需要交流和表达的开放社会，似乎外向的人比较占优势。所以，害羞孩子的父母虽然不必焦虑，无须花大力气去扭转孩子的性格，但也可以用一些温柔而巧妙的方法，打开孩子心灵的大门，让他们变得更加开朗，能更好地展现自己，结交朋友，融入环境。

　　孩子并不都是按照家长希望倾向和速度成长的，急于求成反而适得其反。家长应该讲究教育艺术，遵循内向孩子的特点，在背后下功夫，让羞答答的玫瑰静悄悄地开放，慢慢地释放它的香气。

·应对方略·

一、用心保护，维护自尊

家长不要把孩子的内向害羞看成缺点，当作急需解决的大问题；不要在人前催促和强迫孩子，硬要叫他在众目睽睽之下"好好表现"，做他不愿意做的事情。比如碰到熟人时，家长就强迫孩子问好，孩子不愿意，家长就歉然道："这孩子，就是怕羞！"还比如，叫孩子参加表演，孩子不肯，家长就责备："你这样胆小，将来可怎么办？"经常被数落指责，孩子不断受到消极暗示，便会自认为"我内向害羞"，长大后真的成为一个内向怕羞的人，这就是社会心理学中的自我实现预言。

既然内向害羞不是错误，家长就该扮演柔弱孩子的保护伞的角色，坚定地站在孩子一边，呵护他、鼓励他，而不是站在他的对立面去挑剔他、责备他。不要把"孩子怕羞"常挂在嘴上，不要表现出对孩子内向性格的过分介意，不要简单地把孩子"推出去"练胆量，而是要巧妙地隐藏孩子内向的外显表现，多用保护性的言语来激发孩子的信心，维护孩子的自尊，如对人夸赞孩子："他很爱笑。""他故事讲得很棒哦。""他唱歌很好听。"让孩子受到积极的暗示，发挥"预言自动实现"的正面效应。

内向怕羞的孩子并非不想在集体面前表现自己，他们看到小朋友因大胆表现受到表扬，也会羡慕。他们缺乏的是自信和勇气。他们羞于出头，在进入角色之前，害羞的孩子需要的"预热"时间较长。因此，家长要善于发现孩子的优势和特长，鼓励孩子先在家人面前大胆表现自己，如孩子爱唱歌，就先让他唱给家人听，等他克服了恐惧心理，再让他在客人面前唱、在班里唱；孩子会讲故事，先让他讲给爸爸妈妈听，再让他讲给爷爷奶奶听，然后让他讲给小朋友们听。让孩子以小的成功开始，一点一点建立自信，小步递进，逐渐淡化"我很内向"的意识。

二、鼓励交往，教给方法

多为孩子提供与同伴接触的机会。

先"请进来"。如果孩子不肯去别人家，家长可以邀请小朋友到家里玩，害羞的孩子"主场作战"时会更安心、更自在。为了避免性格相差太大引起矛盾，最好请比较安静的孩子来做客，这样两个孩子可以玩到一起。然后再慢慢扩大孩子的交往范围。

再"走出去"。陪孩子到别的小朋友家里去玩，可以带上一件孩子最喜欢的玩具，让他获得安全感。在小区和公园里，鼓励孩子主动找别的小孩说话、玩耍；在幼儿园里，鼓励孩子结交几个好朋友；进一步，带孩子参加社会活动。现在社会上、社区里，有很多为孩子们安排的社交活动，比如各种节日庆典、趣味竞赛或者艺术展览、玩具展示等。这些活动人多声杂，家长要慎重选择孩子可以承受的活动参加。尽量提前到场，让孩子有更多的适应时间，更容易结交新朋友。

参加人多热闹的亲友聚会之前，家长要提前跟孩子讲讲活动内容，说明都有谁会参加，哪些人他曾经在什么场合见过，哪些人是第一次见面，能给他看亲友的照片更好。告诉他，爸爸妈妈会一直陪伴在你的身边，并且给他介绍所有的人。在聚会现场，让他注意大家如何礼貌地和其他人寒暄、道别，但是不要勉强他去表现出亲近的样子。

家长要教给孩子一些正确与人交往的方式，如分享、轮流、尊重他人等，同时也要让孩子懂得维护自己的权利。

三、走出一步，积极回应

内向害羞孩子的"第一步"非常重要，"第一步"成功了，他就会迈出第二步、第三步；"第一步"失败了，他就很难再迈出以后的步子了。因此家长要找准契机，帮助孩子迈出成功的"第一步"，并积极地回应孩子的"第一步"。

例如，客人来了，家长不一定非要让孩子向客人问好不可，而是可以退一步，让孩子帮着端端水果、拿拿点心之类的，趁机对客人夸孩子好客、能干。这"一退"其实就是"一进"，从侧面肯定了孩子的行为，让孩子知道"这方面我可以做好"，从而增强孩子的信心。

又如，孩子在外婆面前最自信，家长就可以让孩子在外婆面前讲讲故事、唱唱歌，其他家人可以装作不经意地来个正面的积极回应："讲得真好！""没想到你唱歌这么好听！"这可谓"小伎俩，大智慧"，孩子会在这看似无意实则有心的教育智慧中迈出成功的第一步。

为什么要帮他推车

·案例·

然然坐在爸爸的汽车上，经过一个斜坡，看见有辆高高堆满废品的三轮车停在斜坡上，拉车的老人艰难地抵在车子后面。爸爸把车缓缓停下来，打开车门对老人说："推不动了？我帮你在后面推，你到前面把好车头！"三轮车缓缓动了起来，慢慢推上了大路。

然然看着眼前发生的一切，问道："爸爸，你为什么要下去帮他推车啊？那辆车好脏啊！""儿子，记住，爷爷的车很脏，但是他为环境卫生做出了很大的贡献呢！他和爸爸一样，都是在努力工作。人总有遇到困难的时候，如果你有能力，就有责任去帮助别人。比如昨天你在草地上奔跑跌跤，那位叔叔把你扶了起来，帮你拍掉了裤子上的脏东西。你那时是怎么想的？""叔叔真好。"然然认真地回答。"对啊。刚才从奶奶家出来，你帮一个阿婆推门，阿婆夸你是小雷锋，你心里有什么感觉？""爽！"然然笑哈哈地说。"对啊，帮别人解决困难也会让自己得到快乐！"

·案例分析·

主动帮助老爷爷推三轮车上坡，表明然然爸爸富有同情心，并以实际行动为孩子做出了同情弱者、帮助他人的好榜样。幼儿不懂多少大道理，但会观察大人对人和事的情感反应方式，并加以模仿，渐渐塑造出自己长大之后的反应模式。然然提出疑问时，爸爸真诚自然地谈了自己的感想，从情感体验的角度给出了细致的分析和引导，在然然幼小的心田里播种下一颗同情的种子，这颗种子将会在未来开出灿烂的花朵。

爸爸还引导然然从帮阿婆推门的事情中，感受帮助别人后油然而生的幸福感。然然从小事中感受人性的善良与友爱，认识到人与人之间的温暖，知道要换个角度为别人着想，体会别人的情感。

家长在日常生活中，要从小培养孩子的道德情感，由怜悯、同情，升华到助人奉献，帮助别人、快乐自己。这就叫"言传身教，潜移默化"。

同情心是一种对他人的不幸处境产生共鸣及对其行为表示关心、支持的情感，也是一切道德的基础。它能使人站在对方的立场上，思考并体验对方的情感和感受，进而见诸行动给予相应的关怀、支持和帮助。儿童同情心的差异与家长的管教方式有很大的关系。

一、榜样示范，潜移默化

幼儿还不能掌握同情、善良等概念，他们是通过观察模仿来习得新行为的，模仿是儿童个性品质形成的主要方法。家长是孩子认同和模仿的主要对象，家长的一言一行都被孩子"看在眼里，记在心里"，会全面深入地影响幼儿。

所以父母自身必须富有同情心，对周围的人施以同情、关心、爱护。家长身体力行做善事，是培养孩子同情心的最好方法。比如，去看望生病的邻居，你可以带上孩子一同前去；当你做志愿者、给孤寡老人拜年、为贫困学生捐款时，可以带着孩子一起参与；当你参加义卖时，也可以让孩子帮忙，捐出他不用的玩具、文具等。又如，父母在家尊老爱幼，与邻居和睦互助，爱护动植物甚至无生命物质，都会给孩子养成善良的品行以很好的影响。行动示范远胜于空洞说教。

家长还可以从周围的小朋友中、文学作品中找到具体的榜样，直观地为孩子展示什么是同情心，什么人需要同情。日久天长，潜移默化，孩子幼小的心灵中自会滋生同情和善意。

二、积极行动，实践体会

表扬孩子有同情心的行为。当孩子做出充满善意的举动时，家长要告诉他"你做得对"，而且说得越具体越好，比如："你把你的玩具车给小明玩，很大方！你看他多高兴啊！"

教给孩子一些小任务。学龄前的孩子都喜欢完成一些小任务，家长可以派他们做些小差事，比如给某人传一句话，送一点儿东西。孩子年龄稍大后，父母要鼓励他经常做些力所能及的小事，来关心他人，施以爱心。让孩子参与一些社区活动，感受体验社会生活中的"闪亮点"，比如带孩子一起去孤儿院、敬老院，参加义演、助学等公益活动，让孩子有机会用自己的行动帮助他人，并体验助人的快乐。

有些工作，如喂养宠物，尤其适合用来培养孩子的爱心。条件允许的话，可以在家饲养小宠物，或领养动物园里的小动物，激发和培养孩子对动物的亲近和关爱。如果家长表扬孩子做得不错，他就会更起劲。比如家长可以说："你看狗狗高兴地摇尾巴呢！你对它太好了，你给它喂东西吃的时候，它真的很开心。"

三、畅谈情感，感受体验

在日常生活中，家长可以和幼儿一起观察、感受他人的情感。看到别人在做好事时，让孩子注意到他们的行为，如提醒孩子："看，警察叔叔（或其他人）在搀扶老奶奶过马路。警察叔叔是怎么想的呢？老奶奶会怎么说呢？"又如，在给孩子讲了小狗迷路的故事之后，家长可以问孩子："那只小狗迷路时会有什么感受呢？松鼠给它带路找到妈妈后，小狗的心情怎样？松鼠又会有什么样的感受？"再如，家长可以让孩子说说，他自己得到别人的帮助时心里的感觉。这些都可以培养孩子的同情心。

爱穿黑T恤的浩浩

·案例·

浩浩妈妈非常注重培养儿子的自主能力，从3岁起，但凡涉及他的决定，妈妈都会跟他商量或征询他的意见。上中班的浩浩会自己挑衣服、穿衣服；会自己下楼去和小朋友玩耍，并在晚饭前自觉回家；新买回的玩具，他会试着自己按图纸拼搭制作，不轻易寻求成人的帮助。

这天，一家大小准备盛装出席浩浩太奶奶九十岁的寿宴。妈妈特地为儿子选购了一套小洋装：带领结的小衬衫、黑白格的背带裤，外加一件配套的小背心。她满心欢喜地说："宝贝，快穿上让妈妈瞧瞧有多帅！"可浩浩只瞟了一眼："一点儿都不好看！我要穿那件有变形金刚的黑色T恤。"妈妈反对："不行！今天是去参加太奶奶的寿宴，怎么可以穿黑色衣服呢？这身衣服有什么不好看？穿了肯定帅！""我不要！我喜欢穿那件黑色的！"浩浩发了牛脾气。起初妈妈还跟他讲道理，可浩浩小嘴一歪、泪眼婆娑地大声说："我不喜欢你买的衣服，我要穿自己的衣服出门！"妈妈火冒三丈，找来小木棒打他的屁股，孩子只能哭着屈从，换上了小洋装。

晚上回家，大家兴致勃勃地交谈，浩浩突然问："妈妈，你总是说自己的事情自己决定，那今天穿哪件衣服为什么不是我自己的事情呢？"这下可把妈妈问住了……

·案例分析·

与妈妈的选衣大战，说明浩浩不但具有较强的自我意识和独立性，而且已有自己的审美观。没想到一贯民主的妈妈这次使用了强迫手段，意外、不服、委屈、害怕的内心感受，使浩浩只能用哭闹的方式来表达自己的不满和愤怒。

妈妈在与儿子意见相左时，内心也很纠结。她尽力说服儿子，可是浩浩的坚持与哭闹让妈妈失去了冷静，放弃了民主，举起家长权威的棍棒。母子冲突虽然以儿子的屈服告终，但妈妈的心中一定也很难受。

其实，晚上浩浩的反问，正可以成为最佳的沟通引导时机。有了晚宴上的评价及周围环境的影响，浩浩对于在这样的场合里穿什么衣服更合适，也许已经有了新的认识。妈妈可以让儿子回想参加寿宴的人们穿的都是什么样的服装，然后说说她为什么选择让浩浩穿小洋装，也让浩浩说说他自己为什么喜欢黑 T 恤；接着，妈妈可以打开衣柜，让浩浩把黑 T 恤与其他衣服相比较，乘机给孩子讲解一些穿衣规则，例如婚宴寿宴上穿衣要以喜庆色彩为宜，此时穿黑色不符合中国的传统文化礼仪，可能会惹得长辈不高兴。在这种平等融洽的交流氛围中，亲子意见不合的难题就会迎刃而解，孩子也会增加不少终身受用的生活常识。

·应对方略·

一、为孩子自我意识觉醒而欣喜，尊重孩子的选择

3 岁的孩子开始出现自我意识，它的发展是幼儿个性形成的重要组成部分。积极正面的自我意识，是一个人不断进步的内在动力，对于儿童健全人格的形成、认知的建构与发展也起着重要的作用。

这时，父母应开始有意识地培养孩子的独立性，逐渐给孩子一些自主权。比如穿衣服，我国的很多家长习惯于每天早晨把孩子拉起来，问也不问就把一身自认为漂亮合适的衣服套在孩子身上。你有没有想过孩子的心理需要和感受呢？孩子在一味被要求听话、顺从的教育下长大，怎么能成长为

有主见、有自尊心、有竞争力的人呢？

孩子的衣物虽然是父母买的，但物权是孩子的，可由孩子自由选择穿用。大人尊重孩子的选择权，这可以增强孩子的自豪感、责任感和自信心。让孩子自己决定今天穿什么，还能培养孩子的生活自理能力。当然，家长应讲解一些穿衣常识，如要看天气穿衣、衣物颜色要怎样搭配，使孩子获得有用的生活常识。

给孩子穿衣的选择权之后，可能会出现案例中的麻烦，孩子一定要穿一件与场合或天气不合的衣服，劝也不听，这时家长该怎么办呢？

首先家长应该明白，孩子表现出逆反心理是正常的，他们有时是想弄清在一件事情上自己到底能走多远。所以这时大人不要焦急生气，要耐心地讲清为什么孩子不应该穿这件衣服，也让他讲出一定要穿这件衣服的理由，当理由可以接受时父母也可以让步。所有这些都不奏效时，父母可以先让孩子按照自己的意愿穿衣，然后让老师、亲友来指出穿着上的不合适。孩子重视自己在外人眼中的形象，可能就会自己提出要换衣服。家长切勿在一时冲动下责骂孩子，硬让孩子穿上他不愿穿的衣物。

二、寻找合适时机，引导孩子学会选择

随着年龄的增长，自我意识的不断增强，幼儿会对某些事物慢慢形成带有个人色彩的看法，也会逐步形成对周围事物"何为美"的感受和认识。

当幼儿的认知、态度与成人不一致而引发亲子冲突时，家长该怎么做呢？

家长要明白，"穿衣选择期"是每个儿童成长过程中都会经历的，它是儿童自我意识发展的标志，也是儿童想要获取自主权的表达方式。遇到"穿什么、不穿什么"的冲突时，家长要做的就是平心静气，寻找合适的时机和方式，引导孩子做出正确的选择。

从穿衣开始让孩子学会选择，可以亲子一起进行"把衣服分分类"的小游戏，大家说说各种各样的衣服在哪些活动中穿着更合适，乘机给孩子讲解穿衣常识。如选择衣服虽然可以从自己的喜好出发，但还要根据自己的年龄、性别，以及天气、场合来决定，有些特殊场合对穿衣有明文规定或约定俗成的要求，不能随便乱穿。

三、把握好对孩子自我意识培养的"度"

孩子自我意识的培养是一个漫长的过程，家长要了解和把握孩子自我意识不同发展阶段的特点，有针对性地进行教

育引导。

幼儿的自我意识发展表现在：要实现自我意志，实现自我价值感；希望父母和亲近他人能承认自己"长大了"并"很能干"的现实；需要自主权，要求行动自由。家长应尊重并依据这个阶段孩子自我意识的发展特点，循序渐进地培养孩子的自我意识，让孩子在很多次的"自己试一试、自己做一做、自己想一想"的锻炼中，发展自主自立能力。家长能放手时就放手，该放手时就放手，不要事事干预、样样强求。

另一方面，家长还需要把握好培养幼儿自我意识的"度"，即"放手底线"。家长对孩子绝不能放纵不管、绝对"民主"。家长需要让孩子知道，每个人都不能为所欲为。如果孩子的行为将导致自身或他人受伤害，或是违反社会生活中必须要遵守的基本准则，家长就应该用坚决的态度、合适的方法加以阻止。

买不完的玩具

·案例·

铭铭最近迷上了买玩具,不管走到哪里都一定要买一件玩具回家才肯罢休。因此,每次出去玩都是铭铭和家长之间的一场"战斗"。

锡惠公园正在进行恐龙展,有卖恐龙模型的专卖店,恐龙可是铭铭的最爱。他一经过专卖店就挪不开脚步,一定要买一个恐龙模型。妈妈看这模型还不错,就答应给他买了一个。

过了一周,他们全家又来到锡惠公园,铭铭直奔那家专卖店而去,非要再买个恐龙模型不可。妈妈怕铭铭会养成"见啥买啥"的坏习惯,就说:"不是到公园就一定要买玩具,我们家已经有很多很多恐龙模型了,今天咱就不买了,和恐龙一起拍个照吧。"铭铭听了大哭起来,还抱着一个恐龙模型不肯松手。越劝他，他越是大声哭闹，赖在地上就是不起来。爸爸见很多人在看，场面不好控制，无奈之下只好给他买了下来。

更令人头疼的是，铭铭购买玩具的欲望似乎像个无底洞，怎么也填不满。

·案例分析·

铭铭不能控制自己的欲望，听不进妈妈讲的道理，还使出赖在地上撒泼打滚的撒手锏，爸爸为了息事宁人，只得屈从。这里首先要问一下铭铭的爸爸妈妈：铭铭如此任性的毛病是如何养成的？恐怕正是由于爸爸妈妈一次次无原则地满足铭铭的要求。

家庭教育的不当策略是导致儿童产生任性心理的主要原因。孩子任性心理不是天生的，而是父母对孩子溺爱娇惯、放纵迁就、过分宽容的结果。无节制地满足孩子吃穿玩的要求，没有一定的生活常规和行为准则，则是孩子产生为所欲为、自私自利、不讲道理、任性蛮横等性格缺陷的温床。孩子不听话，父母束手无策，于是变成父母听孩子的话，孩子要什么父母给什么，久而久之，孩子会把哭闹撒泼当成要挟家长的武器，而且战无不胜。铭铭和他的父母就是如此。

还有另一个极端，有的父母不管孩子的要求合不合理，都不答应。这种父母的教育方法简单粗暴，爱讽刺挖苦、责备打骂孩子，或者当着众人的面数落孩子，刺伤他的自尊心。于是，孩子由反感到逆反，不管家长说得对不对，他都不接受，"拧"着来对抗。如果父母自己平时一意孤行，不听劝告，孩子在负面榜样下耳濡目染，就会在潜移默化中慢慢形成刁蛮任性的性格。

任性的幼儿难以与别人友好相处，难以适应集体和社会生活，将严重影响他的健康成长。

·应对方略·

一、关注幼儿的反抗心理，区分对待孩子的要求

3～4岁是人生的第一个反抗期，孩子不再像以前那样听话，力图摆脱大人的约束，有时好像故意与大人作对一样"闹独立"。你让他去做的事，他偏不去做；你不让他去做的事，他偏去做。这种情形往往会延续到4～5岁。幼儿这种不听话的反抗心理，是其独立性个性品质发展的重要标志，是一种正常的心理发育现象。如果家长动辄对孩子横加干涉或者责骂惩罚，孩子可能暂时变得听话，但同时其自尊心和自信心将受到伤害，独立性的发展也会受到抑制。

对此，家长的正确做法是：因势利导，因材施教，对孩子的合理行为与正当要求，有条件地予以满足。为了培养孩子的自主性和独立意识，日常生活中吃什么菜、穿什么衣服、玩什么玩具，家长可以征求孩子的意见，同时给一些限制条件。例如，让他只能在几套方案中选择，超过了条件限制便不能满足其要求。家长要让孩子明白，满足是有条件、有限度的，不是所有的要求都能得到满足，必须放弃不合理的要求，不能随心所欲。

对幼儿的不合理要求，家长要采用适当方式加以引导，避免采用强硬手段。这样，在让孩子得到尊重的同时，又不迁就他，幼儿才能既有鲜明的个性，又不任意妄为。

二、正确巧妙地对待幼儿的任性行为

当孩子提出不合理、过分的要求时，家长应采取正面教育的方式，给孩子把道理讲清楚，说明这样做不对，为什么不对，怎样做才是对的。让孩子在学习处理各种具体事情的过程中，逐渐形成是非观念。这种明确的是非观念，会使孩子感受到大人的教育态度是坚决的，孩子的那种"我独占""我为主""服从我"的不良心理和任性行为，便会随着良好环境的熏陶与恰当的教育而消失。

家长对幼儿也不能光讲道理，还可采取转移注意力、冷处理、适当惩罚等方法，巧妙化解难题。

1．转移注意力

孩子的注意力容易转移，易被新鲜事物所吸引。家长要善于把孩子的注意力，从他坚持的事情上转移到其他新奇有趣的事物上，孩子就会忘记自己刚才的要求和不愉快。如在商场里，孩子强烈要求买很贵的玩具，这时家长不要直接答应或拒绝，而是转移孩子的注意力："前面还有更好玩的东西。咦，那是什么？我们赶紧去看看！"带着孩子边走边看边讲解，孩子会忘掉刚才的玩具。

2．预先提示

家长在已经掌握自己孩子任性行为的规律后，可用事先"约法三章"的办法来预防其任性行为的发作。如每次经过冷饮店，孩子总是哭闹着要买冰激凌吃，那么，在上街之前家长就要跟孩子说好："今天经过小店如果你不吃冰激凌，我就带你去哪里哪里玩。"

3．冷处理

孩子因不合理要求未得到满足而大发脾气，大人可以暂时不予理睬，给孩子造成一个无人同情、支持、相助的环境；家长千万不要表现出心疼、怜悯，更不能和他讨价还价、迁就退让。当无人理睬时，孩子自己会感到无趣而自行"熄火"。事后，家长再对孩子简单而认真地说明这件事不能做的原因，并以"相信你以后会听话的"之类的话来鼓励他。

4．激将法

利用孩子的好胜心理，激发他们的自信心以克服任性行为。如孩子吃东西后总不擦嘴巴，还任性地说："我不喜欢擦！"家长可以说："你不是说你像白雪公主吗？白雪公主可比你干净。"

5．适当惩罚

对于年龄小的孩子，只靠正面教育是不够的，适当的惩罚也是一种极为有效的教育手段。如孩子贪吃零食、不吃晚饭，家长既不要责骂，也不必威胁，自顾自吃完后，就把所有的食物收起来。孩子饿了，告诉他肚子饿是不吃饭的结果。一次两次，孩子尝到了饿的滋味，以后就会按时吃饭了。

如果孩子在公共场合大哭大闹，"走开"常常是解决这个问题的好办法，当然不要走得太远。聪明的父母，会把正在哭闹的孩子抱起，带到人较少的地方，放下来，离开他。尽管距离并不太大，但足以使孩子觉得安全受到威胁，父母的离开作为一种示警和惩罚，大大削弱了他刚才不达目的誓不罢休的决心，分散了他对原要求的注意力，孩子便会忘掉刚才哭闹的目的。这时父母再走回来，局势就会出现转机。等孩子平静下来，父母再和颜悦色地指出他刚才的错误行为，约定以后看见爸爸妈妈的什么手势或眼色，就要停止发脾气。

三、保持教育的一致性、一贯性

纠正孩子的任性行为，要一以贯之，切不可时而抓紧、时而放松，或凭大人的情绪决定教育的态度。

全体家长都坚持原则、意见一致，孩子就会慢慢懂得"不合理的要求不会被答应，哭闹也没有用，找谁也没用"。这个结论对孩子来说太重要了，可以大大减少他哭闹的次数，逐渐改掉任性的坏习惯。如果家长之间的态度不一致，孩子就会利用矛盾钻空子。

四、合理购物有妙招

第一招：限量购物，延迟满足

购物前先和孩子讲好，今天只能买一件玩具，而且不得超过某个价位，在此基础上你可以自己做选择。还可用"代币制"管理的方法来限制幼儿买玩具的行为，比如，孩子表现好时，可得一枚五角星作为奖励，满五颗星才能购买一件小玩具；如果暂时不买，可以累积计算，集满十颗五角星，就可以购买一件大些的玩具。通过这种特殊的奖励方式，来限定孩子买玩具的数量，让孩子感受到得到一件玩具是不容易的，需要自己付出努力，而且要忍耐等待，这样孩子才会更加珍惜获得、谨慎选择。

第二招：合理购买，精打细算

教孩子看货架上的标价，货比货；告诉他怎样可以省钱，省下来的钱可以买其他什么东西。比如孩子在超市里看中了一个玩具手机，家长在网上搜索到正版同款玩具手机，价钱只有商场的一半，就可以许诺孩子："回去我在网上给你买，省下来的钱可以买其他物品。"如果孩子同意了，要当场表扬他。在比较的过程中，孩子也有了节约省钱的意识，慢慢养成合理的消费观念。家长还可以让孩子卖掉家中的废品，并给孩子一些劳动报酬，让他存为零花钱，帮他初步养成储蓄习惯。

分享的快乐

·案例·

　　自从牛牛出生后，家里所有好东西都是优先给孩子，家人们都期望牛牛能健康茁壮地成长。最明显的，就是家里有什么好吃的、好玩的，都是让牛牛先用。渐渐地，牛牛养成了独占好东西的习惯，每当爸爸说："牛牛，这个让爸爸吃一个，好吗？""不给，不给，这都是我的，爸爸没有份。"爸爸总是一笑了之，如果偏要拿起他要吃的东西，他就急得大喊大叫，这让牛牛的妈妈十分担忧。

　　一天，邻居家的小弟弟来牛牛家玩，两个小朋友都看上了几个恐龙模型，可摆弄了几下以后，牛牛就把其中一个恐龙玩具藏起来了，妈妈并没有说什么。接下来，牛牛又将另外两只恐龙玩具也藏进了妈妈手里，妈妈还是什么都没说。没过多久，小弟弟一只恐龙都找不到，觉得没趣就要回家。

牛牛还想继续玩下去，于是大声叫着"弟弟别走！"可是弟弟还是回家了。妈妈俯下身问眼含泪水的牛牛："你是不是还想和小弟弟玩？"他点点头。"小弟弟来和你一起玩，你却把玩具都收起来，小弟弟该有多伤心啊。所以啊，玩具要和小朋友一起分享才好。"牛牛听了，难为情地低下了头。

过了几天，小弟弟又来牛牛家里玩。牛牛赶紧说："我去拿玩具给你。"说着立刻奔到房间，拿出了所有的恐龙模型。两个小朋友开心地玩起了恐龙大战……

·案例分析·

像牛牛一样，现在的孩子享受着家长无限的疼爱和关注，父母总是尽量满足孩子的要求。在这样的家庭环境中，孩子容易形成以自我为中心的意识，独占欲强烈，忽视他人的感受和需要。

父母应该用各种方法帮助孩子学会分享，体验分享的快乐，促进孩子社会性的发展。分享行为是儿童社会交往中的一种能力，可以帮孩子赢得玩伴，在成年后更好地融入社会当中。

但不是所有幼儿都了解物品可以和别人一块儿玩、一块儿用的概念。独生子牛牛在家里唯我独尊，缺少与同伴分享的经验，面对其他幼儿，他保护、独占自己玩具的意识很强烈。还好妈妈觉察到了孩子的这个特点，在小朋友因没有玩具玩儿而离去的事件发生时，她没有直接指责训斥孩子，而是敏感地抓住了教育契机，让牛牛自己感受到独占玩具的后果，意识到自己的错误而主动做出改变。

成人必须认识到儿童从"独享"到"分享"是成长的必经之路。

不愿意分享是很多学龄前儿童都会经历的一个阶段，家长不要把幼儿这一行为看成不良品德的表现。家长应理解、尊重幼儿，并且用适当的方法引导他们学会分享，体验分享的快乐。

·应对方略·

一、父母做出分享的榜样

父母是对孩子影响最早、最深的人，是孩子模仿得最早、最多的榜样。父母要有意识地做出分享行为，让孩子体验到这是一件应该的、快乐的事。饭桌上有好菜，先请同住的老人吃；买来好东西，记得送给或留给不同住的老人；几家人聚会野餐时，叫孩子把自家带来的食物饮料分给大家；有趣的事，和朋友分享一起欢笑；孩子把自己的东西送给小伙伴了，家长不要责备或表示心疼……通过日常生活中的一件件小事，养成孩子分享的意识和习惯。

二、家长不要谢绝孩子的赠予

家长要常常接受婴幼儿递过来的食物，或叫孩子把食物分给别人。当孩子把东西递给大人时，几乎所有的人都会说："我不要，你自己吃吧。"或者假装"吃"一口，这样做其实非常不好。几次过后，婴幼儿就知道，大人要自己的东西吃是假的，别人不会要自己的东西，所以自己不需要把喜欢的东西分给别人。大人不是真要，于是孩子假给，把东西拿出来做做样子，马上又缩回了手。孩子学会了虚情假意，这是最糟的。

另一方面，起初孩子大方地把好吃的东西递给你，他是真心的，希望你喜欢，并因能把好东西分享给你而感到快乐。你的谢绝使孩子产生失落感，伤害了他的积极性，下次他不想再受到拒绝，于是不肯送了。所以，谢绝孩子的赠予是不对的，正确的做法是高兴地接过来，高兴地说谢谢。

三、增加孩子的分享经验

不妨做一个"懒爸爸""懒妈妈"。父母可以有意识地请孩子帮忙，增加孩子的分享经验。如父母可以说，"帮妈妈把这个拿给爸爸（或其他人）一起分享""帮爸爸向妈妈说谢谢"。

四、创设情景，角色扮演

根据孩子喜欢童话故事的年龄特点，父母可以利用故事情节，进行人物形象的扮演，来对幼儿进行分享意识的培养。

五、用情绪感染孩子

父母有意识地将自己看到的或听到的一些有趣的、有意义的事讲给孩子听，亲子一起快乐、一起忧愁，让幼儿在潜移默化中获得情感分享，学会站在他人的立场上考虑问题，感受他人的愿望、情绪，从而逐步形成自身积极的、正面的内心体验。

六、多给孩子鼓励和赞许，进行强化

发现孩子有了分享行为时，家长一定要及时给予孩子鼓励、赞许等，利用鼓励的方法来强化孩子的分享行为。

七、多一些耐心

教孩子学会分享，最重要的是分享行为的培养。由于孩子的年龄小，易受外界刺激的干扰，所以表现出来的分享行为不稳定，家长应该尊重孩子，多一些耐心，少一些责备。每一次小事件都是一次学习机会，家长耐心而真诚地去解决每一个小冲突，也就解决了此后一系列的问题。

答应了一定要做到

·案例·

　　每天早晨，珂珂总在家门口的早点摊上买豆浆带到车上喝，和豆浆店的阿姨已经很熟了。放学路过时，珂珂总会和阿姨打招呼，很亲热地说："阿姨，明天给我留一杯豆浆呀！"

　　这天珂珂起晚了，妈妈想到他来不及买豆浆，就拿了牛奶放在他的包里。上学途中，妈妈拿出牛奶给珂珂喝，他突然想起什么似的说："我要买豆浆的！"妈妈说："今天晚了，我们明天再去买，好不好？一天不喝豆浆没关系的。"珂珂看着窗外，眼眶一下子就红了："可是阿姨还等着我呢，我昨天回家的时候和阿姨说好的，阿姨会等我的。"妈妈实在不想返回去，就劝道："阿姨的豆浆还可以卖给别人啊，没关系的。"珂珂"哇"的一声哭了："我说了让阿姨留，她一定会等我的！"珂珂哭得很伤心，眼眶、鼻子都红红的，妈妈只能调头往回开。

豆浆店的老板娘正坐在门口，身前放着一个水盅，用热水烫着一杯豆浆，那是留给珂珂的。妈妈跟她讲了儿子哭闹的事，老板娘笑得一脸红光，无论如何都不愿意收钱，她说："这么小的娃娃就知道守信用，再送他100杯都值！"

·案例分析·

"我要买豆浆的！阿姨会等我的！"珂珂的坚持，是为了遵守他和卖豆浆阿姨的约定，也相信阿姨一定会守约。这个孩子真可爱！

诚和信，是一个人立足于社会的基石。守信就是遵守诺言，讲信誉，重信用，履行自己应承担的义务，从而取得他人的信任。

信守诺言是与人交往合作的首要原则。一个守信用的孩子，长大以后，也一定会成为对自己、对家庭、对社会负责的人。

遵守约定是孩子自主性发展的体现。虽然只是买豆浆这样的小事，珂珂却坚持要遵守约定，这是非常可贵的，可能很多成年人都无法做到。

要想让孩子养成守信的好习惯，家长首先自己要言行一致，说到做到。另外，当孩子做了遵约守信的事，家长要及时鼓励表扬、给予支持，孩子才会在一次次赞赏中越来越巩固守信的行为。珂珂的妈妈做到了这一点，在几次试图说服儿子无效后，她毅然调转车头往回走，因为她知道孩子执着背后的意义所在。相信这一次的经历对于珂珂今后守信品质的养成会有很大的帮助。

·应对方略·

家长该怎么帮助孩子学习遵守约定、信守承诺呢？

一、日常生活中引导孩子遵守约定

引导孩子从小遵守约定、信守承诺，要从点滴做起，从小事做起。家长要有长期坚持的耐心，把守信教育自然渗透于日常生活的琐碎点滴中，贯穿家庭生活和亲子成长的全过程。

日常生活中涉及遵守约定的事情有很多，家长要做有心人，注重在日常生活细节中的引导，鼓励孩子多与人交往，把握机会进行教育指导，在交往中让孩子体验遵守约定的快乐。家长还可以利用讲故事、念儿歌、玩游戏、收看电视节目等时机，帮助孩子树立正面偶像，培养孩子守信的品质，让孩子做到"言必信，行必果"。当孩子表现出守信的行为时，家长要及时给予肯定和表扬，如拍拍孩子的肩膀或竖起大拇指对孩子说："你真棒！真是个说到做到、遵守约定的好孩子！"孩子虽然年龄小，但他能够体会到家长对他的尊重和信任。

二、注意约定的内容和时机

约定的内容最好是和孩子商量决定的，不要逼迫孩子许诺。约定的内容要具体，要是孩子通过努力可以做到的。如孩子不愿自己吃饭，妈妈可以先和孩子约定他每天要自己吃几勺饭，一旦孩子完成了目标，家长就要及时给予积极的鼓励，然后逐渐增加约定的数量。这样循序渐进的过程能够让孩子不断受到激励，体验成就感。约定的时机要放在行动之前，不要出现问题后才来谈约定。比如出门前就要和孩子说好"妈妈同意带你去商厦，但这次不买玩具"或"这次只买一个玩具"。

要多了解孩子的喜好，使许诺的内容投其所好、丰富多样，这样对孩子更具驱动力。

三、家长应做守信的表率

上代做给下代看。对孩子来说，父母的行动是无声的语言、具体的榜样。平时家长不要信口开河、随便许诺，每次做出许诺之前，先要想一想是否能够兑现。答应孩子的事情，就一定要做到。常有家长给孩子许诺："宝宝乖啊，早点睡，明天给你买冰激凌吃"，孩子真的听话乖乖地睡了。但第二天，大人却早已忘了冰激凌的事情……父母言而无信，一而再，再而三，孩子会对父母产生不信任感，并认为说了话可以不算数，然后效仿这种行为。

四、约定确实无法遵守时，家长要理智对待

如果家长因不可抗原因确实无法遵守约定、不能兑现承诺，应及时跟孩子解释，向孩子道歉，并作自我批评，让孩子从内心理解和原谅你，且事后一定要补救兑现承诺。

如果是孩子不遵守约定，家长可以让他通过亲身体验来品尝"违约"的不愉快后果，从而明白遵守约定的重要性。家长不要因为受不了孩子的哀求而妥协，否则，两三次下来，孩子就会知道："只要我一哭闹、哀求，他们就会来哄我，就会让步。"这样一来，不守约定、哭闹耍赖就会成为家常便饭。

家长也不要用"你说话不算话，妈妈不要你了"的话来威胁孩子，孩子会当真，产生焦虑恐惧。有时，对孩子暂时表示冷淡、不理睬，促使其反省，效果会更好。如果孩子确实是因情绪不稳定、身体不好而违约，或是约定内容要求过高，孩子确实做不到，那家长就应该帮助他，或者酌情考虑调整约定内容。

- 习惯决定性格 · 性格决定命运 -

- 习惯篇 -

自己吃饭香

·案例·

"俊俊，来，再吃一口。"奶奶端着碗拿着汤匙追着离开餐桌的俊俊。"我不要，我不要。"俊俊边说边满屋子地跑。

"爸爸变成大老虎来吃啦，啊呜啊呜，真好吃。"爸爸在一旁惟妙惟肖地表演，俊俊一时看得入迷，咯咯笑的同时奶奶一口饭就塞进了他嘴里。

吃了两口俊俊又跑开了，妈妈拿着新玩具小汽车走过来："俊俊要不要玩汽车，坐过来吃饭就给你玩。"俊俊看着新玩具，立马坐到餐桌前开始玩汽车，奶奶趁着俊俊玩得起劲，把饭一口口地塞进他的嘴里。

眼看手中的饭已喂进去三分之一了，俊俊却从餐椅上滑下来，趴在地上玩起汽车来，奶奶叹了口气放下饭碗，拿起餐桌上的饺子塞进俊俊嘴里："俊俊，来吃饺子，我们俊俊最爱吃饺子了，乖！"就这样，小家伙嘴里嚼着、手上玩着吃了两个饺子。

"乖宝宝，吃完了，再来喝点营养粥。"看奶奶又端来一碗，俊俊扭头就跑开了。"这孩子都3岁了，吃个饭怎么还这么难呢？"奶奶叹着气，妈妈接过饭碗开始新一轮的追逐，俊俊的这一餐又是在家人上演"孙子兵法"的阵势中完成。

·案例分析·

从以上的案例中，不难看出俊俊一家在孩子饮食方面所花的心思，米饭、饺子、营养粥三种主食的选择，一种不吃再换一种。家人们变着花样轮番上阵，就为了让俊俊多吃几口。家人们的关注焦点集中在"吃进去了多少"，从奶奶"都3岁了吃个饭怎么还这么难呢"的无奈中可以看出，俊俊的进餐态度一直如此。可见俊俊的生活重心被迫围着吃饭在转，家人在俊俊饮食上的焦虑与压力，让俊俊的进餐问题变得愈加突出。

家人们纠结在"怎样让俊俊多吃些"的问题上，而忘了饥饿感是每一个孩子天生就具有的本能，让自己吃饱是他们最基本的活动之一。但俊俊，要么厌烦、抗拒吃饭，要么心不在焉地吃着家人精心准备的饭菜，不用自己动手，只要机械地张嘴。家人把俊俊吃饭的任务全都包揽在自己的身上，想方设法让孩子多吃，还要吃到自己满意的量为止，使得原本应该充满愉悦气氛的进餐活动变得异常紧张，俊俊从进食中享受不到快乐。像俊俊这般被填鸭式地喂食，他会逐渐丧失本能的饥饿感，出现不爱吃饭、进餐难的现象也就不奇怪了。

对于三四岁这个年龄段的孩子来说，把进餐的自主权交还给他，让他学习自己进餐、享受吃饭的乐趣，才是更重要的。

·应对方略·

"民以食为天"，吃饭对于小孩子来说，是极其重要的一件事。出于天性和本能，没有孩子会饿着自己。从婴儿开始，他们生活中最重要的事情之一就是吃。婴儿会把手指放入口中吮吸，到逐渐会握住奶瓶喝奶，1岁后尝试用小勺把食物舀进嘴里，每一个孩子从小就探索着进餐的乐趣。他们在进食的过程中不仅满足了生理上的需求，还能从中得到身体与精神两方面的愉悦感。而建立健康的喂养关系，培养孩子良好的进餐习惯，能帮助家庭成员正视孩子的进餐问题，让孩子重新好好吃饭，健康成长。

一、营造轻松的进餐氛围

家庭成员要以身作则，规律进餐，不挑食，不边看电视边吃饭等。在餐桌上营造愉快的气氛，进餐时不催促、呵斥孩子，给他足够的时间细嚼慢咽，并且适时给予鼓励。不给孩子造成进食压力，逐渐强化孩子的良好就餐行为，营造"大家一起吃饭"的愉快气氛，享受进餐的乐趣。

二、自己动手吃饭才香

尽量让孩子自己吃饭，哪怕孩子会把衣服和餐桌弄得一团糟。在孩子努力掌握吃饭技能时，一些脏乱在所难免，成人好心的"帮助"不仅会干涉孩子的成长过程，还可能造成孩子的反抗情绪或依赖心理。有的孩子养成了坏习惯，家长不喂他就不吃，喂了才会吃几口，大大影响了孩子的食欲和自理能力的形成。家长要清楚，吃饭是孩子自己的事，而不是成人必须完成的任务。

三、吃多少由孩子做主

成人要接受孩子在饮食过程中有时会吃多一些，有时会吃少一些的正常起伏，给孩子自由，当孩子饱了就不再喂、不劝食。在健康安全、营养均衡的前提下，允许孩子挑选自己喜欢的食物。低调处理孩子挑食、不爱吃饭的情况，避免让吃饭变成一场战争。不用玩具、电视节目或其他条件（如吃完饭奖励糖果、冰激凌等手段）诱惑孩子进食，不端着饭碗追着孩子喂食。

四、进餐秩序一起遵守

家长的进餐情绪和进餐态度会直接影响到孩子。要想培养孩子良好的进餐习惯，父母要做到树立进餐规矩并坚持遵守，如定时定点进餐，告诉孩子吃饭时就该在餐桌上集中精力吃，吃饱再离开，若中途离开去玩，就没得吃了，再想吃饭就得等到下一顿。家庭成员要保持一致，不能因为孩子哭闹就妥协，要让孩子品尝到自己行为的后果，这有利于帮助他遵守规则。

五、花心思制造饥饿感

每天带孩子外出活动，让孩子自由奔跑，孩子的体力消耗大，胃口自然会增长。用餐前尽量不要让幼儿吃零食，尤其是甜点心、巧克力、冰激凌等，让孩子空着肚子等待吃饭，在饥肠辘辘中渴望吃饭。

做个家庭小帮手

·案例·

场景一：幼儿园中班家长会。老师说："觉得参加家务劳动对孩子有益的家长请举手。"所有的家长齐刷刷地举起了手。老师又说："你的孩子经常参加家务劳动的请举手。"家长们你看看我，我看看你，不约而同地缩回了刚才高举的手。果果妈妈也缩回了手，叹了口气说："我们家果果，从来不做任何事，连自己的玩具都不会收拾，唉，真拿他没办法。"

场景二：晚餐时间到了，4岁的果果跑进厨房，对正在忙碌的奶奶说："奶奶，我来端菜好吗？"奶奶笑了笑，婉言拒绝道："果果真懂事，不过你还小呢，等长大了再帮奶奶端吧！"果果趁奶奶转身不注意，端起一盘菜就往外走。突然，他脚下一滑，"啪"的一声摔倒在地上，盘子碎了，菜也撒了一地。果果又惊又疼，坐在地上哭了起来，奶奶赶紧跑过来扶起果果，担心地左看右看，嘴里还不停地问道："摔疼了没有？"在一旁看报纸的爸爸这时也走了过来，责备道："跟你说你还小，不用你帮忙，你偏不听话，瞧，越帮越忙！"果果听了，哭得更伤心了……

·案例分析·

这个案例不禁让我们思索：孩子不做家务背后的原因究竟是什么？果果是愿意帮忙做家务的，可当他表示想帮忙端菜时，奶奶虽然肯定了他的想法，但并未支持他的行为；爸爸则更是在果果尝试且遇到挫折后责备他，使孩子原本萌发的帮大人做事的美好愿望在失败与被责备中受到摧残。试想如此一来，果果还肯做家务吗？

有调查资料显示，就家庭影响来看，家长不正确的劳动价值观和负面评价对孩子劳动的意识有着很大的消极影响。有 54.4% 的长辈说过"你好好学习就行了，家里的事用不着你管"，41.4% 的长辈说过"你不好好学习，将来就去扫马路（种地）"，44.8% 的长辈说过"学生就是要学习好，闲事少干"，44.5% 的长辈说过"看你笨手笨脚的，这点事都干不好"，54.7% 的长辈说过"去干你自己的事吧，别在我这儿添乱了"。分析结果显示，经常听长辈说这些话的孩子，对简单的家务活儿表示"没兴趣做"的比例，明显高于从没听长辈说过这类话的孩子。

当家长抱怨孩子什么家务都不会做、不愿做的时候，应先从自身来找原因，而不是把责任都归咎于孩子。

····· ·应对方略· ·····

如何培养孩子的劳动意识，让孩子从小就成为家里的小帮手呢？

可以分两步走：第一步是家长本身要形成正确的态度；第二步是培养孩子参与劳动的意识与能力。

一、家长应有正确的劳动观点

首先，家长要正视孩子对劳动的需要。孩子喜欢劳动，正如他们喜欢玩一样，是天性。刚会走路的孩子就喜欢拿着扫把模仿成人扫地，喜欢拿块小抹布这里擦擦，那里抹抹。这就是孩子在探索他周围的物质世界，他们通过模仿成人而直接感知世界，从这个意义上来说，劳动就是他们的学习成果。

其次，家长要正视劳动的价值。在现实生活中，许多疼爱孩子的家长把干家务当成苦差事，什么活儿都不让孩子干，剥夺了他的劳动权利，以至弱化了孩子的生存能力，并在其幼小的心灵中播下"不劳可获"的种子，然后又给孩子贴上了天生就"懒""笨"的标签，扼杀了孩子最初的劳动兴趣。所以，对孩子进行爱劳动教育时，父母首先要清醒地认识劳动对孩子的积极意义，转变对体力劳动的鄙视心理、大包大揽的替代心理、不相信孩子的保守心理。

当我们对以上两点有了正确的认识之后，才能进入正题，也就是下面这一步。

二、培养孩子参与劳动的意识与能力

1. 感受重要性

孩子渴望被认同、被重视，渴望成为"大人"，那么家长要告诉他：你的劳动会为大家带来很大的帮助，大家会因此节省出更多的时间去做自己喜欢的事情；你将来会成为一个既勤快又能干的人，受到大家的欢迎和钦佩。

2. 提供选择性

和孩子一起列出一份他能够做的各种家务的清单，让他自己选择其中的一两项工作，这会让他感到自己拥有选择和控制的权力，从而心甘情愿去做自己选择的工作。

3. 任务细致化

一个整体的概念（像"把你的房间收拾好"）可能会让

孩子不知从何下手。而把一个任务拆分成几个步骤（把被子叠好，把床单拉平，把玩具装进玩具箱里，把书放到书架上摆整齐，等等），这样他才会确切地理解家长的要求。

4. 不要求"完美"

对这个年龄段的孩子来说，积极参与比起结果来说更为重要。如果孩子擦的桌子不够亮，不要去批评他，批评会挫败孩子的自尊，更会降低他与人合作的意愿，但可以稍加提点或者亲自示范。如果某项工作要求孩子每次都必须完成得尽善尽美，那绝对不是一项适合孩子去做的工作。

5. 提供小奖励

表扬和奖励会对孩子养成良好的习惯带来极大的帮助，注意奖励不一定是物质奖品。给孩子制订一个合理的计划，把他所要完成的任务绘制成一张流程图表，写明每一个步骤，每当孩子顺利完成其中一个步骤，就奖励一颗小红星（或其他标志物）。当孩子完成整件任务后，奖励他一件他希望得到的合理的奖品。

6. 合理做安排

重复做某件事会让幼儿感到乏味，要不断地变换任务内容，让其保持新鲜感和趣味性，但不要打破传统的习惯分工。

7. 循序渐进，不断挑战

一旦孩子掌握了之前交给他的工作，家长就要提出更高的要求，扩大孩子的工作范围。比如，他已经能熟练地完成洗衣前的衣服分类工作了，那就可以让他学习如何使用洗衣机。

三、家长做出好榜样

家长千万不要当着孩子的面抱怨做家务的烦琐和无聊，这会给孩子传达一个信息——做家务是一件非常可怕的事。父母应尽量让孩子认识到，自己帮助父母尽快做完这些事，父母就可以留出更多的时间陪自己一起玩。

千万不要用劳动来惩罚孩子。在孩子犯错误后，有的家长喜欢用劳动来惩罚孩子，说是"劳动改造"。这样的做法，不但不能使孩子意识到自己的错误，相反还会使孩子对劳动产生厌恶感。

关键词 专注力

专心做好一件事

·案例·

贝贝是家中的小宝贝，爸爸妈妈总是想把最好的东西都买来送给他。于是从贝贝出生以来，家里的新玩具就没有断过，刚买来的玩具还没玩上几天，爸爸妈妈又买来了新玩具。

贝贝的房间里堆满了各种玩具，他一会儿搭积木，一会儿开汽车，不一会儿又被一旁的遥控飞机吸引住了，拿在手里把玩起来。每样玩具最多玩两分钟贝贝就没兴趣了。他随手丢下的玩具也从没放回原位过，而爸爸妈妈则会不停地为他收拾整理，乐此不疲。看到有些玩具贝贝很少玩，爸爸妈妈以为他玩厌了，又立马送上新的。

随着贝贝慢慢长大进入幼儿园后，这个问题就凸显出来了。玩游戏时，贝贝还是一样三分钟热度，刚开始很起劲，很快就没有耐心玩了。上课时贝贝也特别容易走神，说不定听见什么看见什么，思绪就游离出去了，而且还有各种小动作。如何提高贝贝的专注力，成了困扰贝贝爸爸妈妈的问题。

·案例分析·

一些父母表达爱的方式就是不停地满足孩子的物质需求，殊不知，过度的宠爱对孩子有害无益。

家中堆满的玩具造成了贝贝对玩具的随心所欲和轻视，他爱玩什么就玩什么，想换就换，根本定不下心来玩好一样之后再玩一样。短时间地摆弄一件玩具，玩的目的性不强，无法给孩子带来专注于一件事的动力。久而久之，这反而会让孩子养成一件事没做完又做另一件事，做什么事情都不专心，不能坚持到底的坏习惯。

培养孩子的专注力，家庭的教育方式很重要。家中玩具的安排不在多，而在于是否适合孩子的年龄特点，玩具的多样性玩法也有待于家长和孩子共同去开发与创造。玩玩具的过程不是孩子良好的专注力形成的好时机，家长不应该把孩子抛给玩具，让玩具陪伴孩子成长，而是要花时间多陪伴孩子、引导孩子。培养孩子的专注力需要家长在日常的生活中有目的地进行训练，逐步引导孩子在规定的时间内做好一件事，体验成功的喜悦。

专注力是孩子需要培养的一种学习品质，它是一个人能高度集中于某一件事情的能力，是一项非常重要的心理素质。从小训练孩子的专注力，可以让孩子养成集中注意力的习惯，让孩子的学习变得更高效。

那么，家长要如何培养孩子学会专心做好每一件事情呢？

一、提供安静、自由、不受干扰的环境

在孩子玩玩具和学习时，家长要给孩子营造一个安静、自由又不受干扰的环境。

首先，家中的玩具不宜过多，给孩子太多选择的机会，孩子反而不能定下心来玩。可以定期根据孩子的兴趣更换一部分。

其次，在自由和不受打扰的前提下，专注的能力其实是孩子在成长过程中自然具有的品质，父母（长辈）不要过于"教育心切"，只需做好孩子的观察者和协助者就好，切忌过多地进行干预指导。

家长要学会去欣赏孩子独立玩耍的过程，在孩子提出需要时积极地参与其中，当他有困难时给予适时的帮助，引导

他逐步学会自己来解决问题。在孩子玩和学习时，家长也不要在一旁说话、吵闹、看电视等，影响孩子的注意力，让孩子没法定下心来做事情，否则时间久了，孩子做事会越来越不专心。

二、引导孩子学会一心一意做事，避免三心二意、一事无成

《小猫钓鱼》的故事生动有趣，是启发孩子一心一意做事的教育范本。家长从小就要教育孩子，不管做什么事情，都应该一心一意，不能三心二意。

家长要尽量避免孩子同时做两件或两件以上的事情，让孩子多体验集中注意力做一件事情才能把事情做好的优势。比如要玩就尽情地玩，要画画就认真地画画，千万不要玩的时候想着画画，画画时又想着好玩的玩具。每件事情都要求孩子认真做完，然后再去做下一件事情。即使孩子同时在做多件事情，也要引导孩子将注意力在几件事情之间来回切换，而不是把注意力一分为二。

三、从孩子感兴趣的事情入手，培养孩子做事的耐心

要想让孩子一次只做一件事情，家长还需要培养孩子的耐心。兴趣是最好的老师，对于孩子来说，难易适中、有一

定挑战性的事情最能引发他们的兴趣，这时他们做事的自觉性和坚持性也最强。因此家长可以好好观察孩子的兴趣，找准孩子的兴趣点，有针对性地设计相应的小任务，锻炼孩子的耐心。

专注力的培养还要遵照循序渐进的原则，孩子只要保持比原来时间长一些的专注力，家长就要予以称赞，之后再慢慢延长孩子专注的时间。也别忘了在孩子成功的时候及时送上鼓励和赞扬，孩子会非常享受这种成就感的。

给阿姨让座

·案例·

　　航航放学回家，经常要坐公交车。家长们告诉他，小朋友坐公交车要讲文明，有礼貌。因此航航在车上只要见到有需要的人，都会主动让座。

　　有一次爷爷接他回家。在公交车上，航航坐在爷爷的腿上，小脸朝着窗外，专心看着外面的风景。当他转过身来时，他看到旁边站着一位挺着大肚子的阿姨。航航马上挺直身体，小嘴巴凑到爷爷的耳边小声说："爷爷，你看那个阿姨肚子里有个小宝宝，站着多辛苦啊，咱们把座位让给她吧。"

　　航航见爷爷赞许地点了点头，马上对着那位孕妇说："阿姨，你来坐我们的位子吧！"孕妇惊奇地看着他："小朋友，还是你坐吧！""不，阿姨，你来坐吧，我和爷爷是男子汉，站一站没关系的！"航航说完就从爷爷的腿上站了起来，爷爷也离开了座位，随即航航站在爷爷腿边，两只小手紧紧地抱着爷爷的腿。

孕妇知道不好再推脱，就坐到了爷孙俩让出的座位上，充满感激地说："小朋友，你真好！谢谢你！"车里的乘客也都向航航投去了赞许的目光。

·案例分析·

当社会上在热议"要不要让座"这个话题时，小小的航航用实际行动给了成年人最好的回答，那句"我和爷爷是男子汉，站一站没关系的"是多么令人感动，又是多么令人敬佩！

航航只是一个幼儿园的小朋友，在他自己都需要得到成人更多关爱照顾的时候，他却能毫不犹豫并且说服自己的爷爷把座位让给了孕妇，这是非常了不起的行为，可能某些成年人都做不到。再看航航的爷爷，他本身也是一位需要照顾的老人，他完全有理由不让座，但是他想到平时对孙子的教育，还是支持孙子，一起把座位让给了孕妇。

航航的行为不是偶然的，而是由于家长平日里注重对他进行文明礼貌教育，反复告诉他"坐公交车要讲文明，有礼貌"；同时，家长在遇到具体的事情时，没有说一套做一套，而是在行动上鼓励和支持航航的文明行为，航航爷爷的行动就是对言传身教最好的诠释。

从小培养幼儿讲文明、有礼貌的行为习惯，使之习得必要的社会行为规范，懂得为人处世的基本礼仪，是幼儿社会领域教育的一项重要内容，它关系到幼儿良好人格的形成。只有这项教育做好了，孩子才有可能成长为讲文明、懂礼貌的好公民。

·应对方略·

幼儿期正是孩子个性品德发展的重要时期，是孩子养成文明礼貌习惯的最佳时期。幼儿在人格形成方面具有极大的可塑性，家长应重视在这个阶段对孩子进行文明礼貌行为习惯的培养。

一、注重自身的言传身教

孩子是父母的一面"镜子"，孩子所有的行为都能反映出父母的教养态度和方式。如果家长希望孩子能成为一个讲文明、有礼貌的人，首先自己必须是这样的人。要在家中努力营造讲文明有礼貌的氛围，不管是与家人、朋友的交往互动，还是在公共场所中与他人的短暂相处，都能做到谦恭礼让，处处为孩子做出表率。孩子在这种充满尊重和爱意的氛围中，耳濡目染，自然而然就能言行有礼。

二、考虑孩子的实际能力

文明礼貌教育的内容涵盖社会生活的各个方面，涉及幼儿的有仪表、餐饮、言谈、待人、行走、观赏、游览，以及仪式等内容。如 2.5 ～ 3 岁时，幼儿已成为"准社会人"，需要学习与人相处的态度和行为，摆脱自我中心，不自私、不任性，逐渐养成尊敬长辈、友爱伙伴、帮助弱小的行为习惯。

家长在对孩子进行教育时，应考虑孩子的实际年龄和可接受水平，切忌以成人的标准要求孩子，也不要试图一步到位。养成文明礼貌的行为习惯是一个长期反复性的过程，非一朝一夕之事。让文明礼貌之花在孩子心中绽放，需要家长持久的教育与耐心等待。

三、注重在生活中学习

文明礼貌作为一种道德行为习惯，必须在人与人的日常交往运用中获得。说教式的文明礼貌教育只能让幼儿有所知道，却无法在真实场景去亲身体验，养成习惯。其实，日常生活中处处蕴含着各种礼貌教育的契机，让孩子在日常生活中学习讲文明有礼貌，符合孩子学习必须亲身参与体验的特点。

家长可以结合实际生活，将文明礼貌教育融入接送孩子、去餐厅用餐、走访亲戚朋友、游览风景区等一个个真实而具体的生活场景中，提出具体的文明要求让孩子去做。在家中也要从细微处培养孩子，如让孩子讲文明用语，把东西放好，给下班的爸爸妈妈拿拖鞋等。

习惯的养成要靠经常的、长期的训练。例如进行分享训练，当孩子拿着玩具时，家长可以拿一本图画书，温柔地、慢慢地递给孩子，并从他的手中轻轻取走玩具。经过反复训练，孩子逐渐学会了互惠和信任，就愿意和小伙伴轮流玩玩具、交换看图书。

四、及时反馈，赞赏强化

孩子有了合适或不合适的行为，家长一定要及时给予反馈。肯定好的行为是一种正强化，让他以后继续这样做；指出不好的行为、给以批评和惩罚，是负强化，会让孩子以后减少这种行为。孩子友善地关心帮助他人时，要及时赞扬他；对于孩子刻薄恶意的言行，家长要立即进行制止甚至惩罚。如果遇到反抗，家长要坚持正确的要求，不要顾忌孩子的哭闹和埋怨，而要继续改正他错误的行为。孩子的反抗是"看看谁厉害"，家长一旦妥协放弃，孩子就掌握了战无不胜的法宝，以后还会逃避、对抗，让家长权威扫地。

五、适当惩罚

对孩子应以激励为主，惩罚只是辅助手段。当孩子发生严重的错误，如故意说谎欺骗，私自拿家里的钱、幼儿园的玩具、小朋友的东西时，家长可以适当对孩子进行惩罚。此时仍需考虑孩子与父母是否有温暖亲密的关系，会不会因实施惩罚而影响亲子关系。

实施惩罚，应该是发现孩子犯错误后立即进行，一旦拖延就没有矫正的效果了。如果必须用"打"来惩戒孩子，那必须考虑打的部位、轻重、工具，目的是让孩子感到"错了，疼了，下次不敢了"，而不是家长自己出气泄怒，最忌下手没轻重、出口就伤人。

惩罚后一定要向孩子讲明他为什么受惩罚，今后如何才能不再受惩罚。惩罚也不等于体罚，取消出去玩的机会、少讲一个故事、短时间表示冷淡等，也是惩罚。

别人说话认真听

·案例·

周末，恬恬邀请小莉和浩浩到家里做客，恬恬大方地拿出玩具和小伙伴们一起玩起来，小莉指着一个毛绒玩偶说："这个我见过，我还知道它的名字呢，它叫……"还没等她把话说完，恬恬就插话道："谁不知道啊它叫皮卡丘，它是舅舅从日本带给我的礼物。"被她这么一阵抢白，小莉有点不好意思，尴尬地低下了头。

过了一会儿，在一旁看书的浩浩走到正专心致志地研究着怎么用磁力棒拼出一辆自行车的恬恬和小莉跟前，刚开口叫了声"恬恬"，就被恬恬不耐烦地打断了："啊呀，你没看见我们正忙着吗？"浩浩不知所措地站在那儿，眼泪在眼眶里直打转。

这一切都被三位小伙伴的妈妈们看在了眼里，恬恬妈妈连忙斥责道:"恬恬,你怎么能这么和小朋友说话呢?还不快向浩浩道歉!"接着又赶紧向其他两位妈妈打招呼:"啊呀,不好意思,我们家恬恬就是这个脾气,性子太急。"

·案例分析·

独生女恬恬在家里众星捧月,一大家人只听她一个人的"指挥",没发现她不肯也不会倾听。其实,这也是因为恬恬的家长本身就没有意识到要培养孩子的倾听习惯。恬恬与小伙伴交往时,不能耐心听别人说话,造成客人的不快,妈妈却不恰当地将此归结为孩子"性子太急"。

良好的倾听习惯是人与人交往的必要前提,是人进行学习的重要手段。倾听是幼儿最早掌握的言语活动,良好的倾听能力是幼儿获取知识的前提,有助于幼儿提高语言能力、养成良好的学习习惯和意志品质。

《幼儿园教育指导纲要》中语言部分的要求中就指出:"养成幼儿注意倾听的习惯,发展语言理解能力。"

但不少家长和恬恬的父母一样,没有意识到倾听习惯培养对孩子的重要性和必要性,甚至认为孩子喜欢打断别人发言、喜欢插嘴是"聪明、自信、能干大方"的表现,而没有从"尊重别人的表达"方面去考虑。

幼儿注意力容易分散，自制力比较弱，缺乏倾听别人说话的耐心。特别是像恬恬这样聪明活泼的孩子，表现欲特别强烈，在集体活动中急于表达自己的想法，乐意发言，却不能安静地倾听别人说话。有时候没听清楚或没听不完整别人的发言，会反过来影响自己的表达，使自己的发言离开讨论议题或重复别人说过的话。

·应对方略·

一、重视

不要以为"倾听，不就是听别人说话吗？有什么难的？还需要培养？"实际上，倾听是一种学习技巧，也是人际关系沟通中最富于挑战性的技巧，需要从小有意识地进行训练。幼儿阶段是倾听能力非常重要的训练时期，家长不仅要有训练的意识，还要教给孩子正确的方法。

家长自己引起重视之后，要和孩子讨论倾听的意义。首先，让孩子知道只有学会倾听，才能抓住别人讲述的内容，从中获得自己需要的信息。其次，让孩子知道学会倾听别人讲话，不随意打断别人讲话，是一种有教养、有风度的表现；只顾自己滔滔不绝，无视他人的存在，是一种不礼貌的行为。要让孩子学会尊重他人，就要让他在听其他人讲话时，尽量保持安静。在别人陈述完毕后，再表达自己的看法。

二、教导

让孩子明白什么是倾听。同别人说话时，要态度认真，注意力集中，姿势端正，眼睛看着说话的人，不东张西望；边听边想别人说的话是什么意思，聚精会神地听清楚、听明白。别人还没说完话时，不要急着发表自己的看法。听完以后再想一想，他说的或问的是什么，如果自己没有听清楚，可以再问一遍；如果听清楚了，就可以说出自己的想法。倾听不仅是"听"，而且要细心地听，集中精力去听，参与到讲话者的思想里去。在日常生活中家长要不断提醒孩子，养成礼貌倾听的习惯。

家长可以和孩子一起，把以上要点归纳为几条关于倾听的注意事项，比如：(1) 眼睛看着说话的人；(2) 不打断别人说话；(3) 别人讲完后自己再讲；等等。这种"约定"简单明了，对孩子的倾听有很强的指导性。

三、表达

有表达的愿望，孩子才有倾听的需要。家长要多给孩子表达的机会，让他觉得需要通过倾听才能明白别人的意思、形成自己的想法，才能有话可说。让倾听成为表达的前提，这样孩子的倾听才有动力。

可以通过提问来帮助孩子表达，培养倾听习惯。在孩子听一个故事、一段讲述之前，家长可以先提一些相关的问题，让孩子带着问题去听。孩子有了任务意识，知道必须认真仔细地听，才能获得必要的信息，才能正确回答家长的提问，他就会听得更加认真。这有助于培养孩子的倾听习惯。

四、有趣

兴趣是培养孩子倾听习惯的关键。幼儿对感兴趣的故事、儿歌等百听不厌，对没兴趣的故事和游戏，则注意力不集中，坐立不安。既然幼儿的兴趣能激发其倾听的欲望，家长就可以选择一些孩子喜欢的活动来培养他的倾听习惯。

让孩子多听有趣的故事，问："你听到了什么？说给爸爸妈妈听听，好吗？"先要求孩子说简单的句子，然后让其慢慢复述故事。让孩子多看色彩鲜艳、图文并茂的图画，接着听家长讲解，理解内容，然后由孩子讲述。

五、鼓励

鼓励是养成孩子倾听习惯的强化手段。父母要抓住平时的一点一滴，及时发现孩子倾听的情况。当孩子第一次认真倾听时，家长就要及时表扬和赞赏他的行为。家长一个小小的夸奖，就是孩子继续保持好习惯的动力。

发现孩子听得不认真时，家长要及时地善意提醒。遇到孩子插嘴或不专心倾听的情况，家长不要呵斥"大人讲，小孩子听！"或者"大人讲，小孩子不要插嘴"训斥、责备的方式会使孩子失去倾听的欲望和兴趣，变得不爱倾听或不会倾听。

六、榜样

想要养成孩子的倾听习惯，家长自己必须是称职的倾听者，学会倾听幼儿的心语。不管孩子说什么，哪怕是一句简单的话、一个幼稚的故事，或重复过许多遍的话，家长也要耐心听完。当孩子讲述自己的见闻或幼儿园里的生活时，家长必须面带微笑，用眼神告诉孩子自己很感兴趣，在认真倾听的同时帮助孩子把话说清楚，为他的讲述喝彩，表示欣赏。

如果孩子说话时，家长心不在焉、似听非听，或做其他的事，那么孩子对家长说的话也会充耳不闻、不予理会。如果父母自己就是急性子，不耐心倾听，总是打断孩子的讲述，孩子就会效仿家长的行为，以为打断别人或插话是正常的。

洗衣机里的金坠子

·案例·

琪琪从小班起就经常把幼儿园里的小玩具带回家，老师多次向她的家人反映情况，父母问她为什么这样做，琪琪就会咧嘴一笑："我喜欢。"家长也不以为意。于是她的这种行为一直持续到了大班。

这天晚上，琪琪奶奶从洗衣机里拿衣服时，掉出来一个小小的金坠子，上面镌刻着细腻的生肖图案，一看就知道是给小孩子戴的。但奶奶从没见过琪琪有这样的金坠子，就拿给琪琪的爸爸妈妈看，问他们什么时候给琪琪买了金坠子。爸爸妈妈都说没有给琪琪买过金坠子。

这次，一家人意识到了问题的严重性，奶奶担心地说："以前琪琪带回家的都是小磁铁、小发夹之类的小东西，还不要紧，这次可是金坠子呀，这不成了小偷了？"他们赶忙找来琪琪问个究竟，但小家伙一会儿说捡到的，一会儿又说是谁给她的，怎么也说不清楚金坠子到底是怎么来的。这下一家人就更焦急了，最后一致决定明天一早去幼儿园找老师了解情况。

·案例分析·

琪琪显然还没有形成正确的物权意识，以为只要是她喜欢的东西都可以拿回家。遗憾的是，这样的行为在相当长的时间里没有引起家长足够的重视，使得琪琪私拿他人物品的行为一直没有得到及时的纠正。直到"金坠子"事件的发生，琪琪的家人才意识到问题的严重性。

在家长的观念中，孩子拿一些不值钱的小东西回来并没有什么关系，拿贵重东西才是错误的，是"偷"。可见，家长是根据物品的价值来判断行为的对与错，没有认识到无论琪琪是拿了发夹还是金坠子，其行为都是不对的，应该从第一次就及时对其进行教育制止。琪琪的不良行为日益发展，正是家长错误的观念以及未及时干预造成的，家长负有不可推卸的责任。

如果在幼儿期这样的错误行为未得到及时纠正，形成习惯，这不仅会影响孩子与他人的关系，而且孩子在长大后，很有可能会做出偷盗等恶劣行为，引发严重的后果。

·应对方略·

一、重视物权意识培养

所谓物权意识，是指孩子能很好地珍惜自己的物品，维护自己权利，拥有自尊自主的意识；同时又尊重、爱护、不侵占他人的物品。保护和培养孩子的物权意识，有利于孩子建立良好的人际关系，在交往中成为受欢迎的人。尊重别人的物权，更是一种社会规则，反映的是孩子具有良好的品行，但这却是极易被家长忽视的问题。

上小班的孩子私拿幼儿园物品，尚属正常，因为3岁左右的孩子不能区分自己与他人的物品，把所有物品都看作是自己的，会"随心所欲"地拿取。这时家长既不能熟视无睹、放任不管，也不能用过分严厉的态度强行制止，不然反而会强化孩子对私拿他人物品的兴趣。正确的做法是和孩子一起，及时归还物品，并平静地告诉孩子："这不是我们的东西，别人的东西要经过别人同意才可以拿走。"对幼儿归还物品的行为，家长要及时给予肯定和赞赏，反复几次以后，孩子慢慢地就不会再拿别人的东西了。

二、尊重孩子的物权

让孩子明确知道家里的哪些物品是专属于他的。可以让孩子经常整理归放自己的物品，学着保管自己的物品，来强化孩子的物权意识。当家长需要拿取孩子的物品时，也要征得孩子的同意。这样做的目的一方面是让孩子知道他才是这些物品的主人，让孩子拥有自尊与自主；另一方面是通过成人的行为告诉孩子，要征得物品主人的同意，才可以拿取他人的物品。

三、教孩子学会分享

孩子与同伴能一起分享彼此的物品，这对培养孩子的物权意识是非常有帮助的。例如家里来了小伙伴，家长可以鼓励孩子把自己的玩具、图书等拿给小伙伴们玩和使用，或者是带到幼儿园去让更多小伙伴一起使用。

家长也可以鼓励孩子向同伴借用物品，但要做到有借有还。在这个过程中，孩子对于什么物品是自己的，什么物品是他人的，应该如何支配、使用物品，会产生更进一步的认识。需要注意的是，孩子必须要有足够多的物品时才可以分享，否则过度"分享"，反而会让孩子认为"你的是我的，我的是你的"，破坏孩子的自物权。

四、帮助孩子建立必要规则

跟孩子约定，如果他想要什么物品，在拿取之前，先要询问大人可不可以。这是帮助孩子建立物权意识最基本的规则。同时家长要始终坚持原则，不要因为物品小、不值钱就忽视对孩子的物权教育；不因为是家里人的物品，就允许孩子可以随意翻他人的皮夹、开他人的抽屉。去别人家做客、到公共场所去，家长都要事先和孩子说好什么可以拿，什么不可以拿，什么要征得同意了才可以拿。

总之，幼儿私拿他人物品是其成长过程中必然会出现的一种行为，家长既不可掉以轻心，又不可上升到道德层面对孩子严加指责。正确看待幼儿成长中的问题，和孩子一起从容面对，帮助孩子建立良好的物权意识，这是家长的责任。

一件一件慢慢来

4岁的霖霖是个汽车迷，此刻他正玩着最爱的《赛车总动员》游戏。尽管妈妈一再说"霖霖，不要把所有的汽车都拿出来"，可客厅的地上、茶几上、沙发上还是到处散落着玩具汽车和玩具小兵，就连卫生间的过道上都铺着一截火车轨道。

"霖霖，把玩具收起来，赶快，穿上新买的衣服，我们要出去吃晚饭喽！今天妞妞妹妹也会去哦！"妈妈边说边走进衣帽间，换好衣服走出来，见霖霖还在玩，不由提高了嗓门："快点呀，把汽车收起来！怎么老是磨磨蹭蹭的？来试试这件新衣服！你不是准备了给妞妞的礼物吗？快去拿来放在包里，别又忘了！"妈妈边讲边拉过霖霖穿衣服。穿好衣服的霖霖手里还把玩着一辆小汽车，妈妈一手夺下，顺势就把汽车往地板上一扔："叫你收玩具你没听见啊？快点，走了！"

妈妈拉起霖霖的手就往外走，"砰"的一声关上大门。

两分钟后，妈妈又风风火火地开了门，边往里屋走边说："早提醒你拿送给妞妞的玩具，你还是忘记！你看看，家里乱七八糟的！下次不收玩具别玩了！快点走吧，又要迟到了！"妈妈拿着礼物盒走出房间，拖着一言不发的霖霖出门了。

·案例分析·

案例中我们看到了一位喋喋不休的妈妈和一个沉默不语的孩子。妈妈用一连串命令式的话语要求、催促霖霖做这做那，看似在有意识地培养孩子的收归习惯与做事的先后顺序，然而，霖霖怎么会毫无反应呢？

首先，妈妈在提出要终止游戏并外出时很突然，霖霖正玩得不亦乐乎，很难立即从游戏中抽离。

其次，妈妈急促语言中包含的大量信息让孩子感到茫然，因为她一句话中包含了收玩具、穿衣服、外出等多项信息和要求，这使仅仅 4 岁的霖霖感到不知所措，索性不做回应。妈妈似乎有先后顺序的指令，却在拉住霖霖先穿好衣服这个环节上错乱了顺序，让他茫然：究竟我要先做什么再做什么？

最重要的是，妈妈在提出任务要求时，没有给霖霖充分的时间来完成，他在还未做出回应之前，就被妈妈急匆匆地拉着拽着进行下一个环节了。妈妈帮着他穿衣、帮着他折返拿礼物，而最初收玩具的要求直至两人离开都没有完成。

家长常常教育孩子：做事情要有始有终，做完一件事情再做下一件，一件一件慢慢做，别着急。然而在真实的生活场景中，成人往往更追求最后的结果而忘了初衷，在着急催促孩子的同时，还责怪孩子没有养成好习惯。

对于幼儿来说，父母的言传身教比任何形式的教育都更直接、有效。想要孩子做事有序，那么家长自身在日常生活中，给孩子呈现出来的也一定是有规划、做事有条理的状态。一般而言，习惯养成至少要坚持 21 天，对于幼小的孩子来说，这个过程会更漫长，更需要成人耐心、宽容的陪伴与引导。

·应对方略·

秩序感是一种自我管理和控制的能力，是一种处理事情的思路，是一种规则意识的养成，也是人和事物关系的建立。

秩序感是影响一个人终身发展的品质。当孩子养成良好的秩序感之后，这会体现在他以后求学、工作、生活中的方方面面中。他的书包和学习用品会收拾得很整齐，不会找不到东西或漏掉老师布置的作业；在学习中他能够有条理地安排和使用时间；等等。

秩序感形成的关键期是 0 ~ 4 岁，家长要为孩子提供有利于他建立良好秩序感的外在环境和条件。理解孩子在秩序感形成的敏感期的种种表现，才能帮助他建立内在的秩序感。

一、提前告知，给予心理预期

爸爸妈妈或其他养育者在照顾孩子时，要了解这个阶段孩子对于秩序的敏感，尽量减少孩子因为变动而产生的不安感，理解孩子对事物的专注执着，给予孩子更多的耐心。

当孩子必须结束当前活动时，爸爸妈妈要提前告知，并确保孩子已经听进去了，再在时间临界点适时提醒，给予孩子足够的心理准备期，这样才不会使孩子感到茫然。有些孩子"预热"较慢，需要更大的提前量，家长要给他更多的时间做好准备。比如在发出收玩具的指令时，家长可以走到孩子身边，柔声说："再玩 5 分钟，我们要收玩具喽。"发现孩子没有行动，家长可以再次提醒并协助他："时间到了，我们一起来收玩具，收得快点。"父母的提前告知与陪伴执行，是帮助孩子建立"秩序"的关键。

二、指令明确，预留足够时间

家长对幼儿有所要求时，要一个一个地提，待孩子完成一项之后再进行下一项，潜移默化中教给孩子做事情的顺序。

大人做事情的条理也要从细微处入手，让孩子知道应该先做什么后做什么。在这个过程中，很关键的一点是要预留给孩子足够的时间，并且家长自己也要有足够的耐心来等待孩子完成每一个任务，并多给孩子鼓励。孩子能做的事，家长不要因为怕孩子做不好或时间紧，就由父母自己替代孩子去做。

三、授之以渔，给予适当帮助

生活中爸爸妈妈还可以用多种形式或游戏帮助孩子养成做事有序的习惯。如参与有序环境的创设，为孩子的玩具提供分类盒，为爸爸妈妈宝宝三人的物品做标签等，慢慢地孩子就会按一定的规律来将物品整理、归类了。又如，按照孩子的生活习惯建立生活作息时间表，外出时和孩子一起罗列行动清单、准备物品等。日常处理事情，比如打扫卫生时，和孩子一起讨论哪一件事情比较重要，我们要最先做，还有哪几件事情是可以整合在一起做的，等等。让他分辨事情的先后顺序，学会怎样把事情一件一件地完成。

幼儿教育学家蒙台梭利有句名言：Follow the child（跟随孩子）。在孩子成长的过程中，培养孩子的秩序感，最需要的是在预备好环境后，屏住气息去等待孩子心中的秩序感自然地萌芽，而不去做过多的介入及责难，以免拔苗助长，事与愿违。

玲玲为什么爱说谎

晚上洗衣服前，妈妈又从玲玲的口袋中掏出了几个小玩意儿，有亮晶晶的玻璃弹珠，有五彩的漂亮纽扣，有苹果小贴纸……妈妈把女儿叫到面前："这些东西是哪来的？""老师今天奖励我的！"玲玲大声回答。妈妈追问："真的是老师奖励的？老师为什么奖励你？"玲玲声音小了些："我忘记了。"妈妈的表情变得严肃："到底哪里来的？"玲玲偷瞄了妈妈一眼："就是老师奖励的！"妈妈生气地拿起电话："我现在就给老师打电话。"说着就开始拨打号码。

和老师通话后，妈妈狠狠地批评了女儿，玲玲是含着眼泪入睡的。原来老师并没有奖励给玲玲什么，玲玲上午参加了幼儿园美工区的活动，弹珠、纽扣、贴纸都是区域中的材料。玲玲还告诉老师，妈妈出差去了，这几天她的辫子都是爸爸梳的……事实上，妈妈一直在家，玲玲的爸爸从来没有给女儿梳过头。

过了两天，妈妈又从玲玲的口袋里找到了"老师奖励"的一枚米奇印章。玲玲才上中班，这么小就学会了说谎，玲玲妈妈对此心忧不已……

·案例分析·

玲玲的说谎行为指向两个方面：一是把自己想要得到的小玩意悄悄带回家，却说成是老师奖励的；二是妈妈明明在家，辫子都是妈妈梳的，却告诉老师妈妈出差，是爸爸帮她梳的头。

这种说谎行为是这个年龄阶段孩子常见的行为表现。他们会把想象和现实混淆，把想得到的东西说成是已经获奖得到的东西，是幼儿为了实现某个愿望的一种补偿性心理表现。玲玲把想象中"妈妈出差，爸爸梳头"当作现实告诉老师，原因或是渴望爸爸能帮她梳头，或是为了引起老师更多的关注，都是为了获得象征性的满足。

面对这种情形，家长应给孩子提供心理补偿，如妈妈可以和玲玲一起购买一些类似的小玩意，作为小奖品，当玲玲完成和妈妈的约定或取得进步时，可以获得相应的物品作为奖励。爸爸也应在生活上多关心女儿，不妨给她梳梳头、买点小玩意，满足孩子对父爱的渴求。

<h2>·应对方略·</h2>

一、了解幼儿说谎现象

幼儿说谎和成人说谎不同，可分为无意说谎和有意说谎两类。

1. 由幼儿的心理特点造成的无意说谎

（1）满足愿望的心理

幼儿想象力丰富，脑海中经常会出现自己想象的生动画面，会用美好的想象来满足现实中自己无法实现的愿望，有时会把幻想、愿望与现实混合在一起。他们为了满足某种心理需要，常常无意识地和不自觉地"说谎"，这与品德行为无关。

（2）理解性心理错觉

幼儿常因认识不足和理解错误产生心理错觉，用想象的情节代替记忆不确切的情节。比如孩子在幼儿园里做了错事，老师教育他说："你做错事是不对的，以后注意改正，同样还是好孩子。"幼儿听到"好孩子"这个词，会把它当成"表扬"，回家就高兴地告诉家长："老师今天表扬我了，说我是好孩子!"

(3)自信心的萌动

比起婴儿,幼儿能做的事情多了很多,自信心大增,但由于理解问题简单,和不善于分辨想象与现实,往往会不切实际地说大话、夸海口。说自己有什么什么,其实并没有;会什么什么,其实都不会。如自夸:"我会打扑克,会下象棋,还会用电脑。"实际上,他只不过是会模仿大人的动作姿势而已。家长不可将此视为"说谎"行为,在注意保护、鼓励孩子的同时,给予其积极引导,让幼儿逐步明白自己所想所说与现实的差距,懂得实现美好的愿望,必须从小好好学习的道理。

这三类无意说谎与品德无关,家长不必过于焦虑。当幼儿说谎时,家长不要急于批评、指责,而要解读孩子说谎背后的原因,找出其说谎的动机,再进行干预,不同的问题采取不同的方式处理。

2.为达到某种目的而有意说谎

(1)谎造优越感,满足虚荣心

如见别人有一件好玩具,便谎说昨天妈妈给自己买了一件更好的;见小朋友的爸爸是警察,很羡慕,就谎称自己的爸爸是"高级警察",捉住了很多大坏蛋。这种行为产生的原因常与家庭教育不当有关。有的家长对孩子说家里有多少钱,爸爸是什么官,我们的房子、车子比别人家的好,使孩子滋长了优越感。有的家长以为舍得为孩子花钱，就能让他幸福，却不知提供给他过多的物质供养，可能会导致孩子物欲和占有欲很强，一旦他在某方面比不上别人，就可能用说谎来满足自己的虚荣心。

面对这类说谎行为，家长不应当简单地采用批评的方法，而应采用耐心说服、讲明道理的方法，指出好孩子不骗人、不炫富，不可能要什么有什么，不能把没有说成有，引导孩子懂得说谎是不光彩的、无用的行为。

（2）虚夸成绩，取悦家长

为了让家长高兴、博得夸赞和奖励，假称在幼儿园里表现好，得到老师的表扬，这是幼儿说谎现象中错误性质较为严重的一种，多发生在 5 岁以上。这类错误的产生，多与成人的教育不当有关。例如家长过分关注孩子在幼儿园里得了几颗星或小红花、被老师表扬了几次，在家中过多地使用物质刺激作为奖励。

（3）开脱责任，逃避惩罚

幼儿的这类说谎，往往是恐惧心理所致。有的家长过分严厉，性格粗暴，或不懂教育方法，常常训斥责备、打骂体罚孩子。孩子做错了事或有行为过失时，害怕挨打被骂，于是制造谎言、开脱责任。

这三类有意说谎与品行有关，须特别注意，尽早纠正。

二、解读并尊重孩子心理，给予补偿性满足

幼儿"说谎"的原因是多方面的，性质各不相同，要具体问题具体分析，区分对待。一旦发现孩子说谎，切不可审问、谩骂，给孩子贴上"说谎骗人"的标签。家长要了解孩子说谎的真正原因，心平气和地告诉他说谎有什么不好，帮助孩子认识自己的问题，并给孩子提供其他途径的心理补偿。

三、读故事，树榜样，辨是非

利用家庭亲子阅读时间，和孩子一起阅读关于诚实的传统经典故事。如《手捧空花盆的孩子》《狼来了》《皇帝的新装》《木偶奇遇记》等故事，引导孩子体会故事中谎话的危害、诚实的可贵，在现实生活中以此为戒约束自己。当孩子有所变化时，家长要及时表扬他诚实的表现，帮助其强化说真话的行为，经过一段时间的良性循环后，诚实将逐渐内化，成为幼儿自觉遵守的行为。

四、以身作则，做诚实楷模

希望孩子诚实，家长首先就要做诚实正直的表率，用诚实正直的态度对待孩子，用诚实正直的态度为人处世，这样才能潜移默化地影响孩子。

成人说谎，殃及幼儿。有些幼儿说谎与成人的影响有关，

特别是家长。家长说谎，孩子一定会模仿，认为"说谎不为错"。家长说的话不兑现，会被幼儿视为"骗人"，然后自己也随便应付家长，说话不算数。

五、步调一致，意见统一

发现孩子说谎后，在如何处理的问题上，家庭成员之间如果意见相左，或相互指责对方的教育方式，孩子就会选择袒护自己的一方，排斥批评自己的一方，这会导致孩子任性、自我评判出现偏差等问题。所以，家庭成员之间纠正孩子说谎问题的方向和原则要一致，互相配合，才能事半功倍。

总之，在对待孩子说谎的问题上，家长要做到三步：一是倾听孩子的申辩；二是分析孩子说谎背后的原因；三是对症下药，共同应对。

－ 亲子篇 －

和孩子一起玩

·案例·

妈妈带多多去看望读高中的表哥，在传达室等待时，妈妈随手把粘在桌上的弹簧笔一压一松，笔开始摇晃起来。多多一看，感觉好玩，也学起了妈妈的样子。

刚弹了两次，多多就叫道："呀，它会左右摇摆！"妈妈笑着说："再看看，还有其他发现吗？"多多想了想，便尝试从不同方向压放，又像发现新大陆似的说："妈妈，我发现弹簧笔还可以前后摇摆。"

妈妈和多多的兴致更浓了，于是决定来比比谁让笔摇晃的时间更长。在多次比赛后，多多说："只要把笔压得很低，松得很快，笔摇晃的时间就很长。"妈妈看着聪明的女儿，竖起了大拇指。

游戏还没结束，妈妈又开始轻声念起来："弹簧笔，真好玩，好像摇摇摆摆的不倒翁。"多多也学着妈妈说起来："弹簧笔，真好玩，好像在和我点点头。"妈妈笑笑，接着说："弹簧笔，真好玩，好像不停画半圆。"多多也不示弱："弹簧笔，真好玩，好像不知道累的舞蹈演员……"

·案例分析·

"好妈妈胜过好老师"。在影响孩子性格、能力发展的各种因素中，学校幼儿园只占一小部分，而父母的陪伴与引导才是真正影响孩子一生的教育。多多妈妈是一位合格成功的母亲。在和女儿一起玩弹簧笔的过程中，她不刻意地去教、不急于公布答案，而是用层层递进式的引导，有目的地给女儿营造自己动手探索的空间。在多多发现答案时，妈妈并未用夸张的语言过分地肯定和表扬孩子，而是"平淡"地鼓励多多继续向更难的程度挑战。就在这循循善诱、气氛轻松的陪伴式亲子游戏中，妈妈让女儿活跃了思维、获得了知识、体验了成功。

在亲子游戏和父母陪伴中，孩子是最大的受益者。

多多很幸运，有这么一位懂自己、懂游戏的妈妈陪伴自己成长。在妈妈陪伴共同游戏的影响中，她充满了好奇，尝试自己去发现，动手去探索。在妈妈的鼓励与支持中，多多表现出了大胆、自信的个性品质，同时也锻炼了语言表述能力。从中我们也能体会到亲子游戏的魅力所在："教"在游戏中，"学"在快乐中。

幼儿园阶段的孩子虽然在幼儿园里或在一些社会性学习机构中，或多或少有与同伴交往的机会，但孩子最渴望也最享受的，还是和父母一起的玩乐时光。父母一定要在繁忙工作之余留一些时间给自己的孩子，共同体验亲子游戏的魅力，让大人变得活力四射，也让孩子能在父母的陪伴下度过一个充实而愉快的童年。

·应对方略·

一、了解亲子游戏在孩子生活中的重要性

和孩子一起玩，既有助于建立起良好的亲子感情，也能让孩子在父母的陪伴中感受快乐，形成良好的个性品质。父母还能在和孩子一起的游戏中发现他们的长处或短处，从而有目的地进行指导与培养，帮助孩子提高动手能力、思维能力。

二、学会和孩子一起玩

1. 忘记自己的长辈身份

在游戏中，家长不再是指挥者，而是合作者。在和孩子

玩的时候，父母不要试图去控制孩子，总是教他如何去做。父母应该表现得对游戏兴致勃勃，而不是敷衍了事，并认真与孩子探讨游戏中的规则和细节。

2. 尽量扮演儿童角色

在做游戏时，父母应该采用蹲、坐、跪的姿势，尽量与孩子平视，让他可以轻易地拍到你的肩膀，甚至对你进行指导。

3. 学会容忍

和孩子一起做游戏，要给孩子实践和犯错的机会。孩子也许会在游戏中提出愚蠢的建议，这个时候，父母不要用自己的生活经验马上进行反驳，应该让孩子尝试一下，然后再提出自己的想法，这样孩子既获得了尊重，又学到了知识。

4. 每天固定时间和孩子游戏

分配一下自己的闲暇时间，划出一段固定时间给亲子游戏。这样可以让孩子明白大人何时需要工作，自己不应打扰，使父母孩子都有放松愉快的游戏时刻。

三、共同发掘游戏的魅力

生活中的游戏素材很丰富，也易于孩子掌握。新时代的年轻父母，应善于利用身边的事物开展亲子游戏。如：

大自然中的一花一草一木。它们不光能成为父母和孩子在旅行中的照片背景，还可以收集起来成为和孩子玩数数、玩美工的自然物玩具。

家庭厨房中的一碗一碟一勺。能让孩子在分辨大小、色彩、图案中训练其细致的观察力。还可以在分分摆摆的游戏中，让孩子进行分类、统计等数学概念的学习。

生活中随处可见的沙土泥石。玩泥巴、挖沙、运石头，让孩子在动静交替的游戏中尽情发挥自己的动手能力、运动能力、想象能力。

双休日的巧利用

周五晚上，妈妈照例把芸芸从奶奶家接回来过周末。第二天早上八点半，芸芸第三次趴在正熟睡的爸爸妈妈耳边，央求说："爸爸起床吧，妈妈起床吧，我们出去玩吧！"爸爸转了个身继续睡，妈妈闭着眼睛说："宝宝自己玩，再让妈妈睡一会儿，中午带你去吃必胜客。"百无聊赖的芸芸在床上翻来翻去，不时去推推爸爸妈妈，而回应她的只是爸爸妈妈更深的睡眠。

"妈妈，我肚子饿了。"芸芸呼唤妈妈。妈妈眯着眼睛说："冰箱里有你爱吃的巧克力蛋糕，自己拿好吗？"乖巧的芸芸自己下床吃早饭，打开电视看动画片。直到十点半爸爸妈妈起床，见芸芸窝在沙发里看电视，说："芸芸，不要一直看电视哦，对眼睛不好。"委屈的芸芸"哇"的一声大哭起来，妈妈赶忙过来哄："好了好了，妈妈一会儿带你出去逛街，我们去吃必胜客，去买冰激凌好不好？"

芸芸跟着妈妈来到大型商场，像往常每个周末一样，吃快餐，玩室内游乐园，买一个小玩具回家。洗澡时，妈妈问："今天玩得开心吗？"芸芸嘟着嘴说："不好玩，我不喜欢逛商场了，我想去公园。"妈妈一口答应："明天就带你去公园，好不好？"芸芸开心地笑起来："那你们明天早上不要睡懒觉，早点起床。"

午夜的一场雨让坐在电脑旁的妈妈发愁了："下雨了呀，明天带芸芸玩什么呢？"

·案例分析·

案例真实呈现了一个三口之家的周末，爸爸妈妈总有睡不够的懒觉，与孩子比上学日醒得更早的旺盛精力形成鲜明对比。像芸芸这样在大型商场度过周末的孩子有很多，他们在各种游乐器械中嬉笑玩耍，家长要么在一旁玩手机，要么给孩子递水擦汗。看似一派其乐融融的情景，其实亲子间的交流、互动却很少。相比起玩乐和礼物，芸芸其实更渴望爸爸妈妈的陪伴，希望能在周末好好亲近爸爸妈妈。而父母显然没有意识到，以为带女儿出去吃吃玩玩、买礼物，她就会开心。以物质上的付出来弥补平时与孩子亲近的不足，爸爸妈妈显然忽视了孩子内心真正的需求。

孩子身心的健康发展，与爸爸妈妈投入的时间、精力是息息相关的，爸爸妈妈高质量的陪伴会给予孩子足够的精神力量。双休日本应是家长放下工作，和孩子一起尽情享受欢乐并增进家庭亲情的甜蜜时光，也是许多家长和孩子在一起最长的时间，值得精心安排。

午夜的一场雨让妈妈遇到了难题，脱离了外围热闹的物质环境或宁静的自然风光，怎样让周末过得有意思、让亲子都快乐呢？其实不难，用心陪伴就是最简单、最有效的方法。

下雨出不去，父母可以在家里和孩子一起聊聊彼此喜欢的事，一起靠在沙发上看一本书，一起做桌面游戏，一起规划下周末的活动安排，轮流讲故事、猜谜语，等等。当你发现自己走近了孩子的内心，了解到他们的真实想法时，陪伴孩子过周末将是最快乐的时光，而这个时光在不经意间会过得飞快，弥足珍贵。

一、温暖蜗居篇

1. 甜蜜的起床时间

当宝宝来叫爸爸妈妈起床时，让宝宝钻进爸爸妈妈的被窝，没有一个孩子会抗拒这份温暖。一家人在暖暖的被窝里赖 10 分钟，宝宝感受着来自爸爸妈妈的呵护，体验像婴儿时期那样与爸爸妈妈肌肤相亲的感觉，爸爸妈妈也感受孩子小小身体一天天的变化；一起随意地聊聊天、开开玩笑，或是商议今天的活动安排，给小宝贝一个甜蜜又充满期待的开始。

2. 合作的劳动时间

双休日，爸爸妈妈可以和孩子一起打扫房间，让小主人来尝试安排、分工，全家人一起动手做清洁、整理内务。爸爸妈妈在布置环境时，可以征求孩子的意见："你觉得这样放好不好？""你想把这个花瓶放在哪里？"还可以和孩子一起探索玩具的摆放、归类，养成孩子的责任感与有序做事的习惯。当然，在孩子帮忙完成家务活之后，爸爸妈妈一定要感谢他的帮助，给他一个拥抱、一个亲吻，让孩子感受到自己的价值。

3. 愉快的亲子时间

划出一段时间，爸爸妈妈不做别的事，只陪伴宝宝做一些他喜欢的事情，比如阅读、画画、搭积木或是看动画片，要蹲下身子去感受孩子的喜好。这个时间爸爸妈妈的用心陪伴、不厌其烦的耐心回应、快乐的亲子互动，都能够让孩子从中感受到幸福和满足。

4. 自由的留白时间

双休日中，爸爸妈妈可以和孩子约定一段时间（1 个小时以内）互不干扰，爸爸妈妈做自己的事情，孩子自己玩。这样的留白让父母不致因整天围着孩子转，没有一点点个人时间而感到烦躁、厌烦，孩子也不会因为一直要听从爸爸妈妈的安排而丧失主见，像个陀螺一样跟着大人转。留白，可以让爸爸妈妈有更好的状态去陪伴孩子，也享受自己的生活；留白，也可以让孩子在独自一人时也能玩得有滋有味。

二、活力户外篇

1. 郊游

背起背包和宝宝一起逛公园，去郊外走走，感受大自然中蕴藏的奥秘。去沙滩玩沙，去草地上打滚，找找草丛里的小虫，闻闻各种不知名的花香。采摘季节时，父母可以和孩子一起走进农庄，采摘和认识不同的蔬果。孩子在大自然中会开阔眼界，增长见识，探索与求知欲就在其中悄悄萌芽。

2. 购物

和孩子一起罗列清单，去超市购买生活用品。让孩子帮忙推车、拿取物品等，让他学会分担；观察超市物品陈列的规律，认识价格标签上的数字和种类多样的物品，可以在无意中增长孩子的知识。在家人的生日或其他纪念日时，带孩子一起挑选礼物，让他感受家庭亲情与爱的表达，学会感恩。

3. 公益活动

寻找一些适合孩子参加的公益活动，或是带孩子去参观公益活动现场，例如玩具义卖、维护环境卫生、探望孤寡老人等，让孩子从小就拥有一颗会关爱他人的心。

关键词 节日教育

节日中的亲子教育

·案例·

在爷爷奶奶家吃完晚饭后，豆豆一家像往常一样准备回自己家。这时候豆豆突然向爸爸妈妈提出来："今天我们晚点回家吧。"妈妈问："为什么？"豆豆神秘地回答："这是秘密，不告诉你们。"一看时间还早，爸爸妈妈于是同意了豆豆的提议，接着坐下来看电视。

这时候豆豆走到奶奶的身边，对奶奶说："奶奶，我帮你捶捶背吧。"说完不等奶奶回答就开始用两只小拳头帮奶奶捶起腰背来。奶奶享受着孙女柔软小手的捶揉，脸上露出了幸福的笑容，但心中又有点不解，于是问豆豆："今天怎么想起来要给奶奶捶背啦？"豆豆反问："奶奶，你知道今天是什么节日吗？"奶奶摇摇头，豆豆凑近的奶奶耳边说："今天是重阳节，我们老师说了，这是长辈们的节日，让我们回家

238　　高效养育——特级教师精选的51个家教秘诀（幼儿篇）

后要为家里的长辈们做一件事情呢。等会我还要帮爷爷奶奶洗脚。"

奶奶听完脸上露出了欣慰的笑容，一个劲儿说："我们豆豆长大了，真懂事！"豆豆也开心地笑了。

·案例分析·

从案例中可以看出，豆豆所在幼儿园很注重孩子的节日教育，但豆豆家庭中的节日教育是缺失的，她的爸爸妈妈、爷爷奶奶都没有关注到重阳节的到来，更别谈利用节日契机对孩子进行教育了。

其实，纵观现在家庭中过节的情景，非玩即吃。从节后孩子们之间的谈话交流中可以看出，他们谈论的话题离不开"到哪儿哪儿玩""逛街""买东西""吃好吃的"……由此可见，孩子们对节日的印象就是"玩"和"吃"。

但是，每一个节日都有它独特的意义所在，特别是中国，有很多自己的传统节日，如春节、元宵节、清明节、端午节、中秋节、重阳节，这些节日的来历、风俗习惯、意义等都蕴含着深刻的文化内涵；而其他节日如国庆节、劳动节、妇女节、母亲节、父亲节等，也有各自不同的内容和意义。

节日是孩子每年都要多次经历的，是孩子生活中的宝贵教育资源。家长中如果能够关注到节日的教育价值，和孩子一起度过每一个快乐而有意义的节日，不让节日的内在价值在"吃吃玩玩"中流失，节日就能成为增进亲子关系、推动孩子发展的良好契机。

· 应对方略 ·

在孩子的眼中，过节是最快乐的，家长若能抓住时机，因势利导，能够有效促进孩子的社会性发展。同时，家长和孩子双向交流学习的过程，可以密切亲子关系，促进孩子的身心健康发展。

那么，家庭中的节日教育内容有哪些，又该如何进行呢？

一、感恩教育

现在的孩子是家里的小皇帝，大人对他们关爱有加，付出很多，但孩子往往感觉不到，觉得一切都理所应当。因此，利用相关节日对孩子进行感恩和关爱教育是十分必要的。

如家长可以利用父亲节、母亲节、重阳节（敬老节）、妇女节等，通过交流谈话、讲孩子出生的故事、看老照片等方式，加强孩子对家长的了解和尊敬；可以在节日当天要求孩子为父母、祖辈或其他老人做一件事情，例如赠送自制贺卡、手工作品，或捶背等。在家长和孩子的互动中，让孩子感受付出带来的快乐体验，从而逐渐学会感恩，学会关爱。

二、爱的教育

爱是教育的基础，家庭的爱是孩子美好心灵滋养的源泉。因此，过节时，在让孩子感受到快乐的同时，也应注意对孩子进行爱的情感教育。

如国庆节可以给孩子讲讲祖国母亲的生日由来，和孩子一起画国旗，做国旗，看看地球仪上中国的位置等，培养孩子爱祖国、爱家乡的美好情感；可以在父亲节、母亲节、敬老节，让孩子给家长、亲戚中的长辈说一句祝福的话，打一个问候的电话，或上门探望等，使孩子懂得孝道，学会关心他人，培养广博的爱。

三、文明礼仪教育

节日里人来客往，孩子们与人交往、交流的机会增多了。家长可以趁此机会渗透对孩子的文明礼仪教育，如待客的礼仪、做客的礼仪、用餐的礼仪等。

四、安全健康教育

节日里，家庭通常会安排外出旅游、聚餐或其他娱乐活动，但随之而来也较易引发安全问题，因此，节日里的安全教育不容忽视。安全事故（孩子走失、被动物咬伤、被烟花爆竹炸伤、烫伤、摔伤等）应该防患于未然，让孩子们度过一个个快乐祥和的节日。

五、传统文化熏陶

中国文化源远流长，我国特有的节假日中更深深印刻着中华民族传统文化的烙印。春节来临，家长可以给孩子讲讲春节的来历、习俗，带孩子出去拜年，教孩子说一些得体的吉祥话等；清明节，带孩子去扫墓，讲家族的历史和祖先的故事，或给烈士墓献花；元宵节、端午节、中秋节等节日，家长也可以在亲子互动中让孩子进一步了解中国文化、民间习俗，让孩子在润物无声中接受传统文化的熏陶。

六、理财意识培养

春节是孩子收压岁钱的节日，也是对孩子进行理财意识培养的良好时机。家长可以告诉孩子压岁钱的含义，和孩子一起制订压岁钱使用计划，如存起来、交学费、买需要的东西、奉献爱心捐给需要的人们等。让孩子能够关注到红包的意义而不是数额，知道不能大手大脚随意乱花钱，帮助孩子从小树立正确的金钱观。

隔代教养的利弊

乐乐从出生开始就住在爷爷奶奶家，快上大班的他一直由奶奶照料，最依恋奶奶。爸爸妈妈有时会来吃晚饭，周六周日抽空带乐乐外出游玩。

今天，在家里窝了一天的乐乐，在奶奶的催促下，不情愿地离开了电视机，向门口走去。奶奶拎着包紧随其后，弯腰娴熟地帮孙子穿好外出的鞋子，带着他向小区游乐场走去。远远地，就看见滑梯上小朋友们在奔跑嬉戏，人声鼎沸。

乐乐松开奶奶的手，径直向熟悉的滑梯跑去，奶奶迈开步子，紧追不舍，直喊："慢点慢点，小心！"天气有些闷热，奶奶从包里掏出扇子和水壶，一手给孙子打扇，一手举着水壶，找空隙给乐乐喝一口。

从滑梯上下来，乐乐盯着秋千架看。奶奶心领神会，先一步去和秋千上的小姑娘商量："能让我们也玩一下吗？"小女孩挺随和，乐乐顺利地坐上秋千，在奶奶的推动下"飞扬"起来！

回家的路上，正好碰到了楼下的苗苗和妈妈。苗苗妈妈热情地向乐乐和奶奶打招呼，乐乐却任凭奶奶怎么提醒也不愿开口，一个劲儿地往奶奶身后躲。

·案例分析·

奶奶对孙子的生活实行"全方位"的服务，事无巨细、无微不至地包办代替，乐乐过着饭来张口、衣来伸手的生活。在带养的过程中，奶奶谨小慎微，生怕孩子磕着碰着、热着渴着。在奶奶精心搭建的"温室"中，乐乐不用自己思考、不用付出努力，理所当然地被呵护着。

从表面上看，乐乐在奶奶的带养下营养搭配均衡，长得白白胖胖，爸爸妈妈可以抛下后顾之忧，全身心投入工作中。但奶奶凡事以乐乐为核心的教养态度，难免助长乐乐以自我为中心，自私、任性的性格；生活上事无巨细的精心照料，会影响到乐乐自理能力的发展，导致孩子独立性差，依赖性强；把安全放在首位的圈养方式，也使得乐乐变得安静内向、胆小、不善交际，缺乏求知欲望和探索能力。

· 应对方略 ·

面对父母工作繁忙，工作压力日益增加的现实情况，越来越多的孩子被交由祖辈带养。那如何才能更好地发挥隔代教养的正面作用，促进孩子的健康成长呢?

一、父母不做甩手掌柜，重视亲子互动

年轻父母不能把孩子抛给祖辈就不管不问，要认识到照料、教育孩子是自己的责任。隔代教育永远无法替代亲子教育，不要忘记：父母自己才是照顾孩子的主角。

隔代教养的生活形态维持得久了，有些父母，尤其是妈妈，就会忘记自己才是需要对孩子负责的角色，是孩子的主要照顾者，长辈只是提供帮助的协助者。

父母应该尽量抽出时间来和孩子共处，陪孩子玩游戏、学习，了解孩子的心理状况，让孩子感受到来自父母的关爱。尤其对于祖辈比较薄弱的教养部分，父母要加以重视，与隔代教育形成互补，如多带孩子进行户外运动、开阔眼界、接受新事物、亲近大自然等。

二、加强父辈和祖辈间的沟通，观念统一

祖辈和父辈在育儿问题上要有商有量，积极交流，统一

观念，择善施教。遇到问题，不能当着孩子的面相互推诿、相互指责，要相互理解、相互包容，在孩子面前为对方维护威信，要认识到良好的家庭氛围对孩子个性发展起着至关重要的作用。

三、祖辈理智施爱，适度放手

祖辈要理智地控制自己的感情，要分清爱和溺爱的界限，要认识到爱得适度才能促进幼儿的身心和谐健康发展。适度放手，鼓励孩子自己的事情自己做，更能激发孩子的自信心，这样孩子才能逐步走向自理、自立，拥有自己的生活。

四、祖辈积极充电，改变带养观念

祖辈应利用多种途径学习育儿新知识，更新育儿观念，与时俱进。可以参加幼儿园举办的祖辈育儿讲座，阅读育儿书籍，吸收来自幼儿父母的新育儿观点等。

祖辈不能因自己是长者，就用自己的经验、阅历"绑架"孩子的思维，不能事事替代孩子做选择，也不能一味听从孩子的意愿，要和孩子有商有量。对于孩子因为好奇心表现出的超出常规的做法，祖辈要给予支持和理解，要呵护幼儿对周围现象的好奇心和求知欲。

总之，祖辈在对待孙辈的教养问题上，要与子女形成共识。对孩子要爱得适度，学会放手，相信孩子，重视教养的方式方法。

·知识延伸·

隔代教养是指祖辈协助父辈照顾孩子，甚至成为主要照顾者。其优点是老一辈有丰富的经验，对孩子生活上的照料比较周到。研究表明，小时候由祖辈带大的孩子，长大后对长辈会比较友善。

其缺陷是：

1. 多数祖辈的育儿经验停留在数十年前，缺乏现代育儿理念和科学的教育方法，对孙辈往往过分溺爱和放纵，不太要求规矩与纪律，甚至对孩子予取予求。使幼儿过于以自我为中心，影响自我意识的发展，错失养成友好交往和优良品德的机会，形成自私、任性的不良性格。

2. 老人更多的包办替代和保护，阻碍了幼儿独立能力的发展。

3. 终日和老人在一起，容易泯灭孩子天生的好奇心、冒险性和创新精神，导致孩子视野狭小，缺乏活力，心理老化。

隔代教育还可能引起两代家长之间的矛盾。双方教育观念和方式不同，祖父母与父母也经常会有"决定孩子照护方式的主控权"之争，两代都想自行决定该如何照顾孩子，对另一方有异议、意见和不满。不过最好的方式其实是"共教养"，也就是两代人共同抚养，没有一代有绝对的主控权，而是应当共同协商、共同合作。

孩子被宠坏之后，父母要教育起来就更加困难，所以一旦发现孩子个性的养成出现问题，母亲应立即建议长辈采取两代共教养的方式，尊重彼此的角色，不仅相互合作，而且要尽量建立一致的教养步调，遇到问题要加强沟通。

隔代教养是否会导致亲子关系日渐生疏，取决于"父母涉入照护的比重高低"。询问孩子一天生活的方式，让孩子分享不在父母身边所发生的生活点滴，可以帮助缩短亲子之间的距离。如果祖父母与父母是采取共教养的方式养育孩子，两代之间合作得越好，亲子疏离的问题就越不会产生。

母亲节的礼物

·案例·

电视里连续几天播放着关于母亲节的公益广告，萌萌每次听到总是笑眯眯地看着妈妈。妈妈问："你是想送我礼物吗？"萌萌笑着走开了。

周六，萌萌起了个大早，主动提出帮妈妈扫地，妈妈高兴地答应了。萌萌把房间扫了一遍又一遍，汗水挂满小脸，终于完成了。萌萌请爸爸妈妈来验收自己的劳动成果，期待着大家的肯定。妈妈连声说谢谢，一边表扬着女儿，一边帮她擦掉汗水。过了一会儿，萌萌看到妈妈在洗菜，急忙搬来小椅子一起帮忙，大手和小手一起洗菜，让家务劳动变得更有乐趣。

午饭后，萌萌在房间里不知道在做着什么，妈妈要走进去，萌萌连忙说："妈妈，你等会儿再进来好吗？我在准备惊喜。"妈妈笑着问："是给谁的惊喜呀？"萌萌神秘地说："一会儿你就知道了。"按捺不住的妈妈指派爸爸去打探情况，萌萌又强烈要求："爸爸，你在外面再等一会儿，就一会儿！"

终于等到女儿展示惊喜的时候啦。萌萌走出房间后，请爸爸帮忙把妈妈的眼睛蒙起来，并且在她数到三的时候把手拿掉。一张自制贺卡送到了妈妈手中，萌萌得意地笑着说："妈妈，祝你母亲节快乐！祝你天天快乐！妈妈辛苦了！"妈妈激动地抱住女儿："谢谢宝贝！"爸爸调皮地问："我呢？我有礼物吗？"萌萌连忙跑过去亲了他一下，爸爸妈妈都开心地笑了。

·案例分析·

现在的孩子获取信息的渠道很多，他们会通过电视、广播，甚至是网络获取各种信息。萌萌从电视上知晓母亲节即将来临，妈妈的语言提示引发了她想给妈妈送礼物的想法。虽然所采用的方法都是从影视、故事中学来的，即从间接经验内化而来，但这位可爱的小女孩用自己的劳动、作品和言语为妈妈献上了一份珍贵的母亲节礼物，表达了自己的感恩之情，这是非常令人感动和欣喜的。家长要承担起培养孩子良好情感的重担。一些家长只重视孩子的智能培养，忽视了孩子情绪情感的需要和培养，以致孩子出现自私、霸道、不懂体谅、不会爱等问题，认为大人对他们的付出都是理所当然的。他们无愧地享受着大人为他们准备好的一切，随心所欲地挥霍着家人对他们的爱，却不知道该如何体谅亲人，长大后就出现过度依赖、与父母关系淡薄，或者不孝敬长辈等行为。

·应对方略·

一、平等的相处方式，和谐的亲子关系

家长坚持原则的同时，也常常会和孩子产生争执，有的家长屈服于孩子的哭闹，放弃原则满足孩子的要求；有的家长则采取高压政策，迫使孩子暂时服从。

平等、尊重是和谐亲子情感的基础。亲子发生矛盾时，家长首先要放松心态，用平静的口气告诉孩子你的想法，用孩子能理解的言语进行适当解释，以取得孩子的认同。如果效果不明显，家长要将可能出现的不良后果告诉孩子，让他做出正确的危险预判。家长还应该蹲下身来，鼓励孩子大胆表达出自己心中的想法和这样想的理由，不管正确与否，都应耐心倾听。

二、家长以身作则，让孩子体验感恩

家长的一言一行都为孩子提供了模仿学习的榜样，成为孩子今后行为的模板。家长要以身作则，从日常生活的点点滴滴入手，为孩子做好榜样。

教孩子学会尊重和感恩，要从身边做起，从自己的家庭开始。可以预定家庭日，通过聚会、旅游等轻松的形式，加深家庭成员之间的感情；父母对祖辈要有礼貌，不应驱使老人做这做那，要对他们的帮助表示感谢；如果祖辈不与父辈住在一起，父母要常打电话过去问候；父母要关心长辈的健康，生病时去探望和照料。父母做的这一些都会给孩子很好的示范，让孩子知道爷爷奶奶、外公外婆为家庭付出了很多，现在他们年纪大了，我们要尊重孝敬、关心体谅他们。

日常生活中，家长们要用实际行动表现自己的感恩之心，如有事寻求帮助时说"请""谢谢"等；家庭成员间的互相帮助也要记得说谢谢。

通过各种形式提醒孩子用行动去感恩身边的人，比如重阳节和孩子一起给长辈捶捶背，感谢长辈为家庭做出的贡献；妇女节和孩子一起为家中的女性准备礼物，感谢她们辛勤的劳动。

三、多提供情感体验的机会

很多孩子在家中常常是一个人，玩具独自玩，好东西独自吃，家长们总是满足孩子的一切要求。这样的孩子在集体中会面临很多问题，不愿分享，不愿合作，不会沟通。所以家长要多为孩子提供情感体验的机会。

为孩子寻找同龄的孩子一起做游戏，在游戏过程中孩子会有很多情绪体验：大家一起玩玩具很开心，明白玩具可以大家商量着玩、轮流玩；抢玩具是不好的行为，会让人感到不开心。引导孩子多发现别人的优点，宽容别人的过失。这些情感体验，可以帮助孩子进入社会做好情感准备。

四、讲究亲子沟通技巧

1．内容要具体。说话的内容要具体，而且是说现在的事。

2．多使用短句。和孩子说话，句子最好短一些，要让孩子能听明白；适当重复要点，直到孩子了解。

3．语调有变化。在不影响别人的情况下，声调可以高一些，声音要有高低起伏，要抑扬顿挫，吸引孩子注意倾听。

4．语气要温柔。不要老是强硬地指责孩子，要多使用温柔、建议的语气，沟通的气氛才会好，孩子也更愿意说出自己的心事。

5．关心的眼神。父母和孩子说话时，要用关心的眼神注视着他，随时注意其表情和行为，以便适时给予辅导协助，同时让孩子感受到自己被重视。

6. 要面带微笑。当孩子愿意说出自己的心事时，父母要面带微笑注意倾听，千万不要边做其他事边听孩子说话，那样孩子今后可能就不愿意和父母进行交流了。

7. 能发现优点。不要老是盯着孩子的缺点和错误，应该善于发现孩子的优点，及时给予鼓励。鼓励比惩罚更有效。

8. 会换位思考。要将心比心，多站在孩子的立场去考虑事情，进入孩子的内心世界，让彼此之间更贴近。

家有强势妈

·案例·

希希近期上幼儿园时情绪不佳，叫她参加活动时，她不是摆手表示不愿意，就是退缩到人群后面；遇到不会做的事情时她要么直接求助老师，要么就抽抽搭搭哭着表示"不会"。

老师很着急，约来希希的妈妈聊一聊原因，希希妈妈听老师陈述了孩子在幼儿园的表现后非常着急，语气急迫地向老师倾诉："我大概属于强势妈妈，本身是一个急性子，做事情利落，看到孩子有不会做的事就非常着急，知道不能直接去帮她，所以就不停催促。遇到孩子磨蹭时，我的内心就非常煎熬。让她去刷牙，她在洗脸池边先玩一会儿；让她吃饭，她就先叽叽喳喳地说个不停。总之，孩子的这些行为就好像导火线一样点燃了我的脾气。我试过一次一次地对自己说，她只是个孩子，这就是孩子会做的事情。然而又控制不住地大声训斥她，接着既后悔又懊恼，反复几次之后，我对自己也很生气。"

·案例分析·

希希妈妈已经意识到自己在家庭教育中的强势，可是她并未认识到，正是因为自己过于强势，才扭曲了孩子的性格。

强势妈妈，指的是用自己的意志控制家庭和孩子的母亲。因为自己很能干，所以往往苛求孩子做到最好，在生活中对孩子的掌控较多。孩子的一切都由能干的妈妈安排，独立做决定的机会很少，久而久之，孩子就会放弃自己的承担，形成对妈妈无条件的服从和依赖，做什么事情都没有主见，甚至连自己想吃什么、玩什么都拿不定主意。

强势妈妈往往性情急躁，经常因为小事训斥或惩罚孩子。妈妈的情绪和行为会直接影响孩子，使之性格怯懦，情绪不稳定，忽喜忽悲。

孩子的成长动力，来自心理上不断做出的自我肯定。成人的过分苛求、经常否定，使年幼的孩子产生自卑感，失去自信和安全感。在妈妈过高的期望、过急的要求、过多的催促责备的打击下，孩子因为怕被嫌弃而产生恐慌。然而，当孩子渐渐长大，意识到即使自己不合妈妈的心意，她也不能抛弃自己时,孩子向上的动力就会消失,变得疲沓麻木,任何批评和激励都无法触动他,妈妈的严厉也不能激发他的自我主动性。这样的孩子缺乏上进心、责任感,"永远也长不大"。

强势妈妈把自己的价值观和行为方式强加在子女身上,在种种约束和指责中,子女变得没有自我,大大延缓了成长过程。如果妈妈将孩子的思考模式和行为方式,都强行纳入自己的价值体系中,母子关系就变得畸形了。妈妈掌控着孩子的童年,孩子成年后也就会把解决麻烦的责任甩给妈妈。

·应对方略·

一、自我反思,告别完美主义

强势妈妈中,许多人在事业上有所成就,料理家庭的能力也很强。她们往往是完美主义者,对自己苛求完美,对别人也苛求完美。她们为家人付出很多,对亲密的人(包括孩子)的要求也很高。自己能干,也要求孩子能干;自己成功,就要求孩子绝不能失败。然而,这些妈妈对孩子过高的标准、严苛的要求使孩子力所不及,给孩子造成了巨大的压力;一味地挑剔指责孩子,也毁掉了孩子的自尊自信。

有些自身并不完美、在社会上并不成功的妈妈,也会在家中呈现强势的一面。她们把培养子女当成了弥补遗憾、自我实现的途径，她们觉得子女成功就是她们的成功，子女失败就是她们的失败。这同样给孩子形成了高压，压得孩子的心理往畸形方向发展。

不论事业成功程度如何，不管自身能力怎样，妈妈都要调整心态，把对孩子的期望值调到适当水平，把自己的情绪调到正常状态，把在家的言行举止改善为有利于促进孩子心理健康发展的方式。对孩子及全体家人宽容些、体谅些、耐心些，允许孩子按照自身发展规律及个性特征，用自己的速度慢慢成长。不要急于求成，不要急功近利。

如果你意识到了自己是个强势妈妈，就应低调点。可以在家中最显眼的地方贴上提醒自己的句子，自我监控放平心态、不要过多干涉孩子。

不少妈妈在事业上做得风生水起，把家庭料理得井井有条，和家人平和相处，对孩子循循善诱。这样的妈妈"强大"而不"强势"，对孩子会有很好的引导示范作用。

二、自我调控，保持积极心境

强势妈妈的气质类型大多是兴奋型或活泼型，容易激动或冲动，发现孩子达不到自己的要求时，就会心情郁闷、烦躁、生气甚至发飙。其实情绪是可以控制和转换的，当妈妈觉得自己情绪欠佳，看孩子做事不顺眼时，你可以把孩子交给家人照看，暂时远离孩子，去做些自己喜欢的事，然后让自己尽快平静下来，心情好转后再回去和孩子沟通。妈妈可以用孩子能听懂的话告诉孩子自己为什么情绪不好，他的哪些行为是不正确的，希望孩子可以改正错误缺点。

平和的心态、恰当的言行能提升妈妈自身的修养和形象，并得以享受帮助孩子成长、与孩子一起成长的快乐。

三、放低身段，做子女的好朋友

放下家长的架子，尊重孩子的人格，与孩子平等相处。不管孩子有多小，妈妈都要和他站在同一个水平线，和孩子多交流，多听听他的想法。学着凡事和子女商量，先听听孩子的见解，如果合理，就尊重孩子的想法，反之则适当给予建议与引导，而非强迫孩子必须按照妈妈的指示执行。

降低自己的"高度"，更换自己的角色，试着扮演孩子的同龄人，成为他的玩伴，和他一起嬉闹，静下心来听他说自己最感兴趣的事；也可以扮演一个弱者，向孩子求助："我不会呀！这该怎么做呀？你帮帮我吧！"通过这种示弱而非示强的方式，主动寻求孩子的安慰和帮助，让孩子觉得"妈妈需要我，我很重要，我要学着照顾妈妈"，从而激发孩子更多的潜能。

四、夫妻共育，发挥父亲的作用

很多强势妈妈是家庭的主心骨、当家人，凡事都是她说了算，所以在这个家庭中的父亲反而显得不那么重要了，成为可有可无的人。

强势妈妈在孩子的成长过程中，注入了过多的关爱，进行了过多的干预，孩子意识到生活中只有自己和母亲，父亲在家庭中的地位基本上是缺失的，或可有可无的，因此，孩子在成长的过程中，缺失了一个认同和模仿的对象。

父亲在家庭教育中的作用，是任何人都无法取代的，父亲角色被忽视，会给孩子的成长留下阴影，不利于孩子健全人格的形成。只有夫妻双方都积极参与家庭事务的管理，共同关心子女教育，才可以避免一方的盲目，做出更理智的选择。比如孩子上什么培训班，就应夫妻一起商量，决策过程中不应忽视父亲的作用。

·知识延伸·

1. 强势妈妈四大惯常行为：（1）必须要听妈妈的，凡事妈妈说了算。（2）严密监视孩子的一举一动，对其行踪和行为了如指掌。（3）孩子的一切活动都得向她汇报，必要时行动前还需得到许可。（4）对孩子的生活盲目指点，横加干涉，无端操纵其生活。

2．强势妈妈三大心理溯源：(1) 外强中干，没有安全感，不独立，自我价值需要不断地被外界事物证明。(2) 强烈的占有欲，恋子情结，将所有的感情重负压在子女身上。(3) 从小到大，以自我为中心控制与操纵成为习惯性行为。

3．妈妈强势作为的危害：(1) 影响孩子的心理健康。(2) 约束过多，让孩子失去自我。(3) 过分苛求，事与愿违。(4) 恋母情结伤害孩子。(5) 母亲会把儿子作为"替代配偶"。

会"变魔术"的老爸

·案例·

霖霖平时主要和妈妈、外婆在一起生活，因为霖霖的爸爸在外地工作，每隔一段时间才能回家一次。虽然爸爸陪伴霖霖的时间不是特别长，但是每次回家，爸爸总会陪着霖霖玩。

霖霖最喜欢和爸爸一起玩打仗的游戏，霖霖一杆枪，爸爸一杆枪，"嘟嘟嘟，嗒嗒嗒"，双方交火，各不相让，玩得大汗淋漓。

在霖霖心目中，老爸是个无所不能的超人，父子俩的经典对话就是："宝贝，老爸是干吗的？""老爸就是帮我解决困难的！"

霖霖有什么困难，就喜欢叫爸爸来帮忙解决，而且总是能在爸爸那里得到帮助。爸爸先故作神秘地让霖霖闭上眼睛数"1、2、3"然后一睁开眼睛,霖霖就发现东西已经在眼前了,或者问题已经解决了。霖霖每次都会兴奋地夸奖老爸说:"老爸你真棒,你太厉害了!"接着再把老爸狠狠地亲一下。儿子的夸奖让老爸开心得飘飘然不知东南西北,也特别享受这种被儿子崇拜的感觉,逮着机会就喜欢在宝贝面前显示自己会"变魔术"的本领。

·案例分析·

如今的双职工家庭占了不小的比例,因而越来越多的年轻父母需要面对这样的问题——一方或双方经常出差,与孩子相处的时间越来越少。

霖霖由于爸爸工作的原因,日常生活中和妈妈相处的时间较多,父子俩相处的机会少。尽管爸爸没能参与到霖霖全部的成长过程中,但是他并没有以工作忙为借口,忽略了对孩子的关心以及自己作为父亲的教育责任。爸爸善于把握和霖霖在一起的宝贵时间,努力在精神世界里给予孩子父亲的关爱。

霖霖爸爸的"童心"一点儿也不输给孩子,他总是以"大孩子""大朋友"的姿态出现在霖霖面前,很容易就与孩子玩到一起,所以霖霖喜欢和爸爸一起做游戏。在游戏中他感觉到自己是主人，玩得自由自在、无拘无束。

爸爸不仅是霖霖的玩伴，更是霖霖人生的榜样和崇拜的偶像。当霖霖遇到困难时，爸爸用他独特的幽默与智慧巧妙地化解问题，用积极的情绪去感染孩子，从而帮助孩子逐渐形成健康、乐观、积极的人生态度。可见爸爸的言行举止潜移默化地影响着孩子，对孩子的成长起着独特的作用。

·应对方略·

"一个好父亲胜过一百所好学校"。不要忽视父亲教育的力量，爸爸的言行普遍预示着孩子未来的生活态度与价值观。孩子的身心健康成长不仅需要有妈妈的温暖关怀，也需要从爸爸那里得到坚毅、勇敢的锻炼。

父亲是一个特殊的重要榜样，爱思考、爱探索、具备丰富知识的父亲会对孩子产生潜移默化的影响，促进孩子的智能发展，丰富孩子的视野。

养育孩子，教育孩子，给孩子智慧的爱，是每一位父亲的责任，需要父亲去思考、去探索，因此爸爸们要多与孩子在一起，充分发挥自己的教育优势，以促进孩子全面发展。

一、和孩子多交流

爸爸是妈妈与孩子情绪的"融合剂"。当孩子受到妈妈的批评感到不高兴，独自伤心的时候，爸爸不妨和孩子说说"悄悄话"。爸爸还可以每天晚饭后利用固定的时间带着孩子出去散步，一边散步，一边和孩子相互聊聊今天的生活。与孩子谈话的过程，就是父亲传递生活态度与价值观的过程。

二、和孩子一起运动

运动是爸爸和孩子相处的"特别节目"，孩子更能在运动中感受父亲角色的勇敢与力量，体会爸爸与妈妈对自己的不同影响。爸爸在孩子体格发育方面的影响占优势，更多是通过肢体运动来做游戏，给孩子以激烈的动作刺激，促进其身体发育。

三、和孩子一起做家务

男性的动手能力通常比较强，因此爸爸在教育孩子时，应多鼓励孩子参加劳动，锻炼其动手能力。爸爸可以带着孩子一起体会做家务的辛苦。家务不是妈妈一个人的辛苦劳动，它是全家快乐的游戏，爸爸和孩子能一起在劳动中增进感情。当然，家务劳动不只是扫地、擦桌子，年龄大一些的孩子可以学着爸爸用锤子、钳子等工具去修理家里破损的物品、制作玩具，培养孩子多方面的动手能力。

四、和孩子一起玩游戏

爸爸通常更大胆、更粗线条一些，在玩泥土、挖沙子等活动中可以促进孩子更加放开手脚，自由探索，激发其对新事物的兴趣，培养孩子的探索精神。孩子在探索过程中，可能会提出各种各样比较特殊的要求，这时爸爸应尽量帮助孩子，支持孩子大胆地去探索。

当然，爸爸在给孩子提供帮助时也要掌握好"度"。比如孩子在游戏中遇到了困难，爸爸不要马上帮孩子解决，而是给孩子自己想办法解决问题的机会。当孩子确实无能为力时，爸爸再适当给孩子一些提醒。这样可以帮助孩子在各种活动中体验生活，学会思考。

男孩女孩

·案例·

琪琪最喜欢阿姨家的小哥哥。这天妈妈和阿姨带着琪琪和小哥哥一起去公园爬山，小哥哥一马当先跑在了前面，琪琪一看自己落后了，就停在原地不肯爬了，还向妈妈和阿姨告状说小哥哥不等她。在阿姨的呼唤下，小哥哥停下脚步等琪琪。

爬了一会儿，琪琪说爬不动了，要妈妈抱。妈妈说："你这么大的孩子了，抱着多难为情……"话音未落，琪琪就委屈地掉下眼泪，妈妈看了很生气，正准备发火，小哥哥从上面跑下来说："琪琪，我挽着你一起走吧。"在小哥哥的一再劝说下，琪琪跟着他继续往上爬。

妈妈向阿姨抱怨："还是男孩子好，你看我们家琪琪，走一点点路就累了。"阿姨笑着说："男孩子平时顽皮惯了，女孩子本来就应该要娇气一些。"一路爬山，小哥哥不停地喊大家快点往上爬，要成为第一组爬到山顶的人；琪琪则一边爬山一边数着蝴蝶看着小花，妈妈看着这么可爱的女儿，刚刚的生气都抛走了。

一路上，琪琪一会儿喊脚疼走不动了，一会儿喊口渴要喝水；再看小哥哥继续笑呵呵地走着，阿姨问他要不要喝水，他说："有的话就喝点吧。"妈妈说："女孩子怎么就那么娇气呢？"阿姨听了说："我们男孩子养得粗糙。"喝水时，琪琪喝了两口，主动请妈妈喝，嘴里还说着："妈妈爬山很辛苦，请喝点水吧。"阿姨羡慕地说："你看女孩子就是贴心，男孩子就只知道自己喝。"

回家后妈妈和爸爸说起这些事，爸爸认为很正常，男孩女孩本来就不一样。妈妈想不明白了：都是孩子，怎么性别不同差距就这么大呢？女孩子就不能坚强果断些，男孩子就不能贴心一些吗？

·案例分析·

家长们在孩子刚出生时就会在潜意识中为孩子进行定位：儿子要养成性格坚强、有担当、有责任心的孩子；女儿则要多宠爱，养成温柔、善良、端庄、大方的性格。家长们又会"交又羡慕"，有女孩的家长羡慕男孩的爽气大方，有男孩的家长羡慕女孩的贴心和温柔。

琪琪和小哥哥的行为表现就体现了女孩和男孩的性格差异，以及父母养育方式的差异。男孩争强好胜，更多关注结果，就拿爬山来说，小哥哥的目标就是要尽快爬到山顶；女孩更多关注"过程"，琪琪会一边爬山一边观察，小花小草都让她感到快乐。琪琪的性格比较细腻，会想到给妈妈喝水；小哥哥就比较粗糙一些，较少为别人着想，嘴也没有妹妹甜。

·应对方略·

一、了解男孩女孩的性别差异

1. 性别差异的形成原因

造成幼儿性别差异的原因有很多。先天原因，包括脑生理差异和成熟水平差异。男性大脑以右半球为主导，富于空间思维；女性大脑以左半球为主导，擅长语言表达。所以，学前期女孩的言语能力优于男孩，而在空间视觉和方位辨别能力上逊于男孩。女孩成熟得更早、更快，学前期的女孩在心理条件上保持相对优势。

后天原因，包括环境影响、父母抚养方式和儿童生活方式。在家庭和社会中，男孩不知不觉地模仿着男性，参与男性的活动；女孩也不知不觉地模仿着女性，参与女性的活动。男孩从小喜欢"建设性"活动，更多地玩一些同"物"有关的游戏；女孩则更喜欢"规定性"活动，更多地玩一些同"人"有关的游戏。男孩女孩在游戏中也逐渐形成其相应的性别品质。

父母的抚养方式加速了男女儿童朝着各自特定的性度方向发展，父母在选择教养方式上应考虑"适合孩子的才是最好的"。

2. 性别差异的表现

学龄前，女孩的智力发展和创造力发展均明显优于男孩，这主要是因为女孩的感受性较高，语言发展能力较快，对具体事物的联想更为丰富。在日常生活中，女孩常比同龄男孩懂事、有主见、会思考问题，也更具有创造性。

身体发育和动作行为方面，一般来说，男孩比女孩具有更强的身体活动能力，有精力旺盛的行为和过多的体力活动，并发生较多的身体攻击性行为，而且也容易被引出攻击性行为。

活动倾向方面，男孩活动多定向于"物"，活动量大，喜欢探究；女孩活动多定向于"人"，喜欢交往，富于感情。

自我控制方面，女孩可以通过练习改善自己的表现，而男孩则困难一些。在行为的自我控制能力上，男孩也比女孩差一些。

二、对孩子的性别、性格做出正确引导

孩子在小时候对自己的性别、性格没有认识，家长要对孩子做出正确引导，在教养过程中为孩子提供具有其性别特征的建议，培养具有其性别特征的良好性格。例如同样是奔跑摔跤，对男孩应该告诉他勇敢地站起来，不要哭，培养坚强的品质；对女孩则可以抱抱她，让她感到安慰。

三、关于"穷养儿，富养女"

家庭教养方法要尽量符合男女幼儿发展水平，既要注意幼儿身心发展的基本规律，也要考虑男女儿童的个体差异。

民间流行"穷养儿，富养女"的说法，意思是对男孩子要少给钱，不要让他贪图享受，因为他未来要肩负起家庭的重担，需要有担当，要有责任心，从小要勇于面对各种挑战，自强自立。对女孩要多满足她的要求，舍得为她花钱，这是为了让她在物质和精神上得到满足的同时，开阔视野，富有涵养，养成大气高贵的气质。

"穷养"和"富养"是家长的一种教育态度和教养方式。"穷养"是为孩子创造一个需要他去努力打拼的环境，并非让孩子不必要地受苦受穷、过度负荷，去完成超出自身能力范围

的任务。"富养"是让孩子在优裕的物质和精神环境中体会爱，学会爱，但是在富养的同时要杜绝溺爱。

"穷养"与"富养"关键在于把握一个"度"，要做到把两者有效结合，避免教养方式的偏差。"虎爸""虎妈"的出现，表现了家长"穷养"的过度；"炫富"频现，反映了家长对"富养"的歪曲理解。

当今社会，男性和女性的角色分工已不像以前那样泾渭分明，所以对于孩子"穷养""富养"的界定也不用那么明确。不论男孩女孩都需要精神上的"富养"，让他们学会爱，享受爱；同时，也可以通过有计划的"穷养"来培养他们的责任心、耐挫性。

妹妹的到来

·案例·

早上，上幼儿园的宁宁抱紧妈妈的腿，哭闹着："我不要上学！"妈妈挺着大肚子，被他缠得连路都走不了。最后，宁宁还是被奶奶送到了幼儿园。但他在园里哭闹不止，不停地重复"我要妈妈！"每看到一个大人就缠着说："你带我走吧！你给我妈妈打电话吧！"老师怎么安慰都不起作用。

放学后，奶奶去接宁宁，知道宁宁的表现后，说："你在幼儿园里哭就是不乖，我们就不喜欢，我们喜欢妈妈肚子里的妹妹了。"宁宁听了记在心里，晚上怎么也不肯和奶奶睡觉，坚决要和妈妈一起睡，妈妈只好忍着妊娠的辛苦，哄他入睡。

终于等到妹妹出生了，一家人迎接每女出院时，宁宁却说："妈妈回家吧，妹妹留在医院。"到家后，妈妈照顾妹妹喂奶、换尿布时，宁宁就故意和妈妈吵闹，影响她做事。晚上，妈妈要照顾妹妹，让爸爸哄宁宁睡觉，他坚决不干，非要和妈妈一起睡，还要把妹妹赶下床。他气呼呼地说:"我不要妹妹!"

看着这一切，妈妈非常苦恼，觉得宁宁就像换了一个人，原来的他大方、懂事，现在却蛮不讲理，经常莫名其妙地大发脾气。

·案例分析·

其实，不仅仅是妈妈苦恼，宁宁的内心此时也有许多困惑——为什么妈妈有了妹妹就不陪我了？为什么妹妹可以在家和妈妈一起，我却不能？为什么我的爸爸妈妈都属于这个妹妹了？家里人原来只喜欢我一个人，为什么现在还要喜欢妹妹？

当家庭中的第二个孩子来临，老大心中常常会有这些疑问。他们感觉到弟弟妹妹的到来撼动了自己原本"唯一"的地位，自己要和弟弟妹妹分享家人的爱，要被家人用来和弟弟妹妹做比较，还常常感觉到被家人忽视。面对这一切，孩子无法理解，感到恐慌。当他们的这些焦虑和恐惧无法用语言表达出来时，他们就只好用"吵闹"来表示自己的不满和不安。所以，在妹妹来到这个家庭的时候，宁宁妈妈才会觉得原来懂事可爱的宁宁变了。

随着国家生育政策的改变，独生子女家庭面临着新的选择。不少家长认为，再生一个孩子，可以让原本孤单的第一个孩子有个伴，让孩子的童年生活更加快乐。可是实际上，这引发了一些预料不到的问题。唯我独尊惯了的老大不能接受老二的到来，他们烦躁、焦虑，甚至出现攻击性行为，导致整个家庭不得安宁。

父母不要只忙着迎接第二个孩子的到来，一定要考虑第一个孩子的心理活动，读懂他们的反常言行，及时化解他们的焦虑，让他们能够愉快地期盼弟弟妹妹的降生。

·应对方略·

一、妈妈生产前

1. 让第一个孩子感受到家人对他的爱只增未减

第一个孩子焦虑的根本原因，是害怕家人对自己的爱被弟弟妹妹分去或夺去。因此，家人首先要做的就是让孩子感受到大家仍然爱他。比如，妈妈在身体允许的情况下，继续保持与第一个孩子原有的亲子相处方式，给孩子讲故事、与孩子玩桌面游戏，接送孩子，等等。当孩子言语中传递出"不喜欢弟弟妹妹"的讯息时，家人要能理解孩子的感受，不能呵斥，更应该避免说出"你不乖，我们就喜欢弟弟妹妹"之类的不当言语。

同时，家人可以告诉孩子，多了一个弟弟妹妹，就是多了一个家人来爱他。家人的爱不是蛋糕，不会越分越小；而是雪球，会越滚越多。要让他知道大家对他的喜爱只增未减。

2. 让第一个孩子关注妈妈的整个围产期

把"妈妈的宝宝"这个概念变成"我们的宝宝"，这也是让弟弟妹妹在肚子里就成为家庭中一员的方法。比如：妈妈产检时带上第一个孩子，让他看看 B 超影像里宝宝的样子，和他一起为宝宝取名字，一起购置婴儿物品等，从而增强第一个孩子对弟弟妹妹到来的期待。

二、妈妈生产后

1. 改变传统做法，更换探望的主角

在中国的传统习俗里，亲朋好友来庆贺时，新生儿是"主角"，大家会亲切地怀抱他、夸奖他，礼物也只为新生儿准备，第一个孩子则被忽略，这会让他对弟弟妹妹更加不喜。

更好的办法是更换探望的主角，让第一个孩子成为大家"关注的焦点"。家人可以和亲戚朋友商量好，为第一个孩子也准备一份小礼物，祝贺他（她）当哥哥（姐姐）了，并用赞美的语言表达出两个孩子之间的联系，比如："小宝宝的眼睛长得和哥哥的一样漂亮！""哥哥多懂事，妹妹一定也会像哥哥一样!"

2. 用"理智的爱"控制"不理智的言行"

当妈妈一心一意地照顾第二个孩子时,第一个孩子如果用捣蛋、发脾气等方式企图引起妈妈的注意,往往会让疲惫的妈妈忍无可忍,甚至会失去理智地大声呵斥孩子。而当看到老大在一旁神情落寞时,家人在情感上又会觉得亏欠了他,忍不住会答应他一些无理的要求。这些做法都是错误的,会导致第一个孩子的心理发生扭曲。

家长在这时更应保持理智,在理解孩子行为的基础上,言行上要做到不粗暴、不纵容,对两个孩子的爱要公平分配。

3. 父母互相配合,抽出时间陪伴第一个孩子

妈妈照顾新生儿时,爸爸就来照顾第一个孩子。比如陪伴孩子睡觉、陪孩子一起玩体育游戏等,尤其是玩一些爸爸无法和新生儿一起玩的游戏,让第一个孩子在情感上有所弥补,也增进了父子间的情感。

当然这时候妈妈也不能忽略与第一个孩子的相处,可以每天抽出一段固定时间,只陪伴这个孩子,让他感受到妈妈并没有冷落他。

— 心理篇 —

大发脾气的奇奇

早晨起床后，令人头疼的一幕又开始了。奇奇躺在客厅的沙发上，无来由地大发脾气，逮谁就冲谁大喊："滚！你们都是坏人，都给我滚！"

此时，妈妈在厨房中忙碌，爸爸在房间换衣服。奇奇的喊叫声越来越大，爸爸实在忍不住，冲进客厅大声喝止儿子的行为，可非但没有制止住，还导致了奇奇更为激烈的怒吼："滚，坏蛋！"妈妈知道接下来奇奇又要挨揍了，于是赶快走出去，用眼神示意爸爸离开。

考虑到早晨时间紧迫，爸爸默默地走开了。妈妈则抱起孩子，把他的小脑袋靠在自己的怀里，安慰道："儿子乖，儿子不生气了，妈妈给你买最喜欢的消防车，好吗？"儿子点点头，马上"多云转晴"了。

每天早上的重复剧情总是以妈妈的妥协而落幕。

·案例分析·

当奇奇情绪失控时，父母的态度截然不同：爸爸是"棒槌"的敲击，妈妈是"糖衣"的包裹。正是由于两种彼此矛盾的教育方式互相冲撞，才养成了孩子任性跋扈、乱发脾气的恶习；也是由于家长态度不一，才让孩子的不良情绪演变为家庭生活的一种常态，使家中时不时刮"暴风"下"骤雨"。一次又一次，孩子学会了以发脾气作为威胁手段，迫使爸爸默默退让；以停止发脾气为交换条件，从妈妈那里得到自己喜欢的东西。如此恶性循环，不良情绪和乱发脾气将成为孩子个性的一部分，极大地影响他的成长和家庭氛围。

家长们的教育观念、态度和方法一致，是家庭教育的原则之一；教孩子学习管理自己的情绪，是家庭心理教育的重要内容。

家长要经常向孩子传递快乐情绪、巧妙化解其消极情绪，从小教导孩子懂得：不要总是不满意，总是埋怨别人，更不能无理取闹、凌辱家长。人生中遇到不如意的事情在所难免，要从每次经验中学到一些东西，不断进步，快乐成长。

父母要善于感觉孩子的情绪，了解和分享孩子的看法和感受，激发和发展孩子的积极情绪，帮助他们处理消极情绪。有了父母的接受与分享，孩子感到身边有可信赖的支撑，会更有信心地学习怎样处理面临的问题。

一、冷处理

孩子发脾气时，家长不予理睬，过后再讲理。不要因怕孩子发脾气而百依百顺，也不要故意逗弄激惹孩子发怒。

二、帮助孩子认识自己的情绪

幼儿没有足够和适当的词语描述各种情绪，难以正确表达内心的感受。父母平时注意不断丰富孩子的情绪词汇，帮助他鉴别和说出内心不舒适的感觉。孩子越能以准确的词语表达自己的感受，父母就越容易了解其行为而对症下药，孩子也越能掌握处理情绪的方法。

三、不做孩子情绪的"绑架品"

家长不要一看孩子发脾气，就乱了方寸，成了孩子情绪的"绑架品"。

"绑架品"之一是"拳头"。家长被激怒,对孩子进行体罚,表面上暂时压制了孩子的哭闹,却会造成其内心的懦弱或逆反,使亲子关系恶化。

"绑架品"之二是"甜头"。为了让孩子的情绪尽快转阴为晴,家长无原则地许诺,答应孩子的各种要求,后果是让孩子把发脾气当成满足需要的武器。

"绑架品"之三是消极言语。家长被气得口不择言,说出不该说的话,例如伤害孩子自尊心的侮辱性词语,和一些引起孩子恐惧焦虑的威吓。

四、给孩子处理情绪的机会

孩子出现负面情绪,家长不要急于做"救火队员",用"哄"或"压"来熄灭孩子不良情绪的火苗,使孩子失去养成情绪控制能力的锻炼机会。

孩子不理智,家长要理智。家长要耐住性子,等一等、看一看,在等待和观望中给孩子处理自己情绪的机会,让他逐渐发展出控制情绪、管理情绪的能力。

五、教会孩子管理情绪的方法

1. 适当宣泄

孩子情绪恶劣时,可以让他踢踢球、撕撕废纸、打打毛绒玩具，但绝不能打骂人、摔东西。

2．主动倾诉

让孩子找喜欢的人诉说烦恼，或在纸上随意涂鸦，但不能在墙上或公共场所中乱涂乱画。

3．恰当转移

家长提议做游戏、看电视，外出玩耍、运动，或让孩子做他喜欢做的事情，转移孩子的注意，淡化其不良情绪。

4．约定提醒

和孩子约定："以后你再发脾气，爸爸妈妈使个眼色、做个手势提醒你，你就不要发脾气了，好不好？"孩子被提醒后，如能控制情绪停止哭闹，就对他进行鼓励和奖励。

· 知识延伸 ·

四步引导孩子的不良情绪：

步骤一：接受。说出你在孩子脸上看出的情绪，表示完全接受并尊重其感受。

步骤二：分享。帮助孩子捕捉内心的情绪，让他准确描述。待他稍微平静下来，再引导他说出事情的细节并找到原因。这是"先处理情绪，后处理事情"的原则。

步骤三：设范。制定明确的言行规范，让孩子明白，所有的感受都是可以接受的，但并非所有的行为都可以被接受。他的不良情绪不是问题，不良言行才是问题。

步骤四：策划。一起讨论怎样处理负面情绪，怎样避免类似的不愉快情况的出现，如果出现其他不良情绪，要如何解决。引导孩子自己想办法，做出最佳选择。

孩子爱说"不"

希希 3 岁多了，是爸爸妈妈眼里可爱又乖巧的宝贝女儿。

可是最近，爸爸妈妈发现希希变了，变得不再像以前那么听话了，动不动就把"不"字挂在嘴边。这不，早上妈妈让她刷牙，她回答："不。"任凭妈妈左哄右骗都不行，最后，妈妈只能采用"威胁"的方法："如果你不刷牙，就不许你玩玩具！"希希想了想，只好顺从地跟着妈妈进了盥洗室。

该吃早餐了，妈妈招呼希希："快来吃早饭喽！今天有又香又甜的奶黄包哦！"希希把头一拧："我不要吃！"最后，妈妈又只能拿出她的撒手锏："如果你不吃，等会儿就不带你出去玩滑梯了。"希希这才不情愿地来到餐桌旁。

看着以前言听计从的女儿变成了这样，妈妈又气又急，心里犯起了嘀咕：希希这是怎么了？怎么老是喜欢说"不"呢？难道这么小的孩子就开始"逆反"了吗？

·案例分析·

和希希一样，"不"是学龄前儿童最常说的一个词，因为父母也总是把"不"挂在嘴边。想让孩子少说"不"，首先家长自己要少说"不"。

希希妈妈怀疑，小小的孩子就开始"逆反"了吗？答案是肯定的。孩子3～5岁进入第一逆反期，本来温顺听话的孩子变得调皮、不听话，就像希希，让她干什么她都说"不"。对此家长不用过分紧张，这种表现是第一逆反期中的正常现象。随着幼儿活动能力的增强，知识的不断丰富，自我意识的增强，他们的反抗行为多数情况下是力图表明自己是一个独立的人，而不是故意违抗大人。从另一个方面看，没有反抗期，孩子的个性得不到发展，反倒会影响他今后的成长。

案例中，当希希反抗时，妈妈最后采取的是"威胁"的"撒手锏"，这种方法看似达到了效果，但实际上，这种"硬碰硬"只会带来两种后果：一种是会让孩子变得怯懦，一旦面对"施压"的情况就会放弃自己的主张，消极地顺从；另一种则相反，会让激起孩子更加强烈的反抗，助长他的逆反心理。

·应对方略·

一、了解——了解孩子想要什么，也让孩子了解你的意图

如果家长了解孩子的日常生活需求，就会知道他什么时候说的"不"是真的，什么时候说的"不"是假的。有时候，孩子没有明白父母的真正意图，他也会毫不犹豫地说"不"。因此，跟孩子交代任务的时候要眼睛看着他，十分严肃地将任务交给他，这样他会明白你不是在跟他开玩笑，他就不会随随便便说不了。

二、减少——减少自己说"不"，也减少孩子说"不"的机会

父母尽量少用"不"来制止孩子的某些行为，代之以教给孩子正确的行为，对孩子说"不要乱跑"，还不如说"到我这边来"。尽量不要提供让孩子回答"不"的机会。比如，不要问孩子"你是不是还想再喝点果汁？"而是问"你还想再喝多少果汁？"不要问"你想上车吗？"而是要说"我们现在上车吧"，这样孩子就会采取行动。

再比如，在公交车上，奶奶和孙子各坐一个位子，有位孕妇上来，奶奶不必征求孙子的意见："你把位子让给阿姨好

不好？"而是可以一边说"来，我们让一个位子给阿姨"，一边把孙子抱到自己腿上。

三、控制——控制自己的情绪，别对孩子的"不"发脾气

总是说"不"，是孩子正在经历属于他的正常成长阶段，并且这个阶段很快就会过去，家长不必十分介意。家长在孩子说"不"时发脾气，只会让他觉得，通过这种方式可以得到关注，并让大人生气，而受到关注和证明自己的力量，正是孩子想要的。年龄再大一些，他就会故意逗大人生气玩。

四、趣味——把任务变成有趣的游戏

孩子都喜欢玩游戏，如果将任务变成游戏，他会比较乐于接受。比如想要孩子洗澡，但他就是不肯去，如果强行把他抱进澡盆里，或者训斥他一番，情况肯定会变得很糟糕。这时，不妨给孩子来点小幽默："洗澡水倒好了，看看谁的小腿跑得快，快告诉你的小屁屁，让它坐进澡盆里。"再比如，他总是不想去厕所，因此常常尿湿裤子，父母可以在估计他要上厕所的时候，把他扛起来，说："现在我要扛着这把枪，让他到厕所发射子弹了。"于是上厕所的任务就变成了一种有趣的游戏，他也就不会说不了。

五、选择——有策略地设计选项，让孩子自己做出选择

当家长想要孩子去做某件事情的时候，最好给他两个选择，一个是你要他做的事情，另一个就是他不喜欢做的事情，通常孩子都会选择你要他做的那件事情。

·知识延伸·

第一逆反期一般发生在孩子 3 ～ 5 岁时。这个阶段的孩子在生活自理能力、语言表达能力、思维判断能力上都有了很大的发展，活动的范围增加了，很多事情都想要自己做决定。随着主观能动性越来越强，他们开始有了自己的主张，所以对于父母的要求常做出一些故意的反抗行为。第一逆反期是孩子自我意识迅速成长的表现。他们学会用"我""我的"来表达自己的愿望和要求，他们喜欢按自己的方式行动，不愿意让别人来干涉自己的事情，表现为执拗、任性。家长对孩子的奇怪表现，不必着急，也无须生气，因为这是孩子长大的信号。

在这段时期里，父母对孩子的反抗行为既不能一味地满足，也不能过多地限制。一味地满足容易造成孩子的任性和执拗；过多的限制则会挫伤孩子的自尊心，使孩子变得顺从和依赖，缺乏自立能力。最重要的是，家长要注意因势利导，从旁协助，给予正确合理的教育，促进孩子心理健康发展，帮助孩子顺利度过"反抗期"。

输不起的仔仔

·案例·

和奶奶下飞行棋是 6 岁的仔仔最喜欢的游戏。

游戏开始了，仔仔说："石头、剪刀、布，谁赢谁先走。"结果奶奶赢了，仔仔输了。仔仔不干了，哭着说："不行，我要先走，我要先走！"奶奶拗不过仔仔："行行行，你先走就是了。"

仔仔眼泪一擦，又高兴起来。

飞行棋中有两棋相遇，一方被撞回起点的规则。奶奶的棋子"撞"仔仔的棋子时，仔仔就大吵大闹，赖皮不让奶奶撞；自己"撞"奶奶的棋子时，仔仔就哈哈大笑，嘴里高呼着："耶！耶！"最后，奶奶的棋子先到终点，仔仔一看，又不干了，把奶奶的棋子退回几个格子："你走错了，走得不对！"奶奶说："你看着我走的，怎么会错？"仔仔强词夺理："就是错了！就是错了！"奶奶想，小孩子玩玩而已，不必和他计较，就妥协了："好好好，是我走错了。我们接着玩吧。"

直到"赢"了奶奶，仔仔才罢休。

第二、第三轮时，仔仔为了赢，耍尽各种赖皮，不是说奶奶骰子掷错了，就是推翻原来商量好的规则。最后，奶奶也生气了，棋子一放，气呼呼地走了。

游戏就在仔仔的哇哇大哭声中结束了。

·案例分析·

想赢本来是孩子的正常心理表现，也是孩子拥有积极向上心理和自信心的正向动力。但是，只能接受赢的结果，承受不了输的结局，这种心理显然是抗挫能力弱的表现。

孩子抗挫能力的强弱，除了孩子本身的承受能力之外，成人的态度也很重要。案例中明明是仔仔在耍赖，大人却不以为然，认为他是孩子，可以忍让不计较。殊不知，成人的忍让，等于放纵孩子一次次耍赖，让仔仔形成了"我总是能赢"的心理，也让仔仔的抗挫能力每况愈下，只能赢不能输。那将来他进入学校、踏进社会，有谁会故意输给他呢？

人的一生没有一帆风顺的，当受到外部或内部困难的冲击时，抗挫能力主导着人的防卫心理及行为。如果一个人抗挫折能力差，那么在碰到难时，他的心理就很容易被击垮，导致自暴自弃。反之，一个人的抗挫折能力强，则能积极寻求解决办法，并让挫折成为下次成功的助推器。

·应对方略·

良好的抗挫能力是一种积极而宝贵的心理品质，需要通过长期培养才能形成。那么，如何从孩子的童年开始锻炼他们的抗挫能力呢？

一、父母对待输赢的态度影响孩子的态度

父母是孩子最亲近的人，他们的情绪和态度影响着孩子。若父母对待竞赛的态度是"胜败乃兵家常事"，从容冷静地对待输赢，那么，孩子面对输赢也不会过分悲喜；若父母一味追求"只许赢，不许输"，那么父母的强势态度就会影响孩子对输的看法和承受能力。所以，当孩子输了时，父母的一句"没关系"是对他们最好的安慰；孩子赢了时，父母的一句"你很努力"是对他们最好的嘉奖。

同时，父母如果能从态度、努力程度等方面帮助孩子分析成败的原因，给予孩子方法上的指导，那么他不仅能在技能技术上快速进步，抗挫能力也会更强。

二、利用生活中的事件锻炼抗挫能力

生活丰富而真实，通过具体的生活事件来锻炼幼儿的抗挫能力，更能让孩子接受，也更有意义。

比如在玩棋类游戏时，家长可以事先和孩子一起商量规则，而不是只由家长来制定。大人既可适当通过"让子"来相对平衡双方的水平，也可通过偶尔不露痕迹地"故意输"让孩子产生成就感，保持下棋的兴趣。但是，当双方对规则确认无误后，对局过程中就不能再做变更了，若孩子耍赖、哭闹，则要晓之以理，不能纵容。情况严重时可暂停游戏。

体育活动也可以锻炼孩子的抗挫能力。比如拍球、跳绳、轮滑、骑车等，这些技能都不是一下子就学会的，需要经历多次失败。成人在此过程中要给予孩子充分的鼓励和方法指导，这是孩子增强抗挫能力的最强动力。

生活中还有一些事情，比如打不开包装袋，拿不到床底下的东西，桌上的筷子不够数量，等等。这些也都是对孩子进行抗挫教育的好时机。

三、幼儿无法解决困难时，成人避免包办代替或指责打骂

面对困难，孩子的反应可能比较消极，比如哭闹、退缩等。

大人应避免包办代替或指责打骂，而是给予孩子心理应对的时间，同时给予他们方法上的指导，帮助孩子增强抗挫能力和解决问题的能力。

四、具体、及时地评价孩子的抗挫行为

给予孩子的肯定要及时，过了一段时间后再表扬，效果就已经不大了。

对孩子抗挫行为的评价要具体，比如孩子因为"坚持"而克服了困难，就要在表扬他坚持行为的同时，说清楚夸奖他的原因。

有一种爱叫作放手

·案例·

　　妈妈经过客厅，突然发现诺诺手中拿着一把尖嘴钳，正在试图剪断一根废旧电线。妈妈大喝一声："停下！"诺诺一惊，尖嘴钳从手中掉落。妈妈走过去拾起尖嘴钳，狠狠地瞪了他一眼。诺诺手中还拿着那根没有剪断的电线，怔怔地看着妈妈。妈妈拿着尖嘴钳走开了，诺诺一直坐在沙发上，无聊地摆弄着手中的电线。妈妈看到儿子一直闷闷不乐地坐着，就走过去坐在他旁边，诺诺开口问："妈妈，为什么不能用尖嘴钳呢？"妈妈说："你还小，会伤着你的。"他说："可是我想把电线剪成五份，做奥运五环呀，你不让我用尖嘴钳，真没劲。"说完就从妈妈身边走开，不愿理妈妈了。

案例中诺诺妈妈的安全意识特别强，面对自我保护能力、安全意识还很薄弱的孩子，她总感觉孩子事事、时时都有危险，怕孩子受伤，所以不许孩子碰这个、做那个。表面上看起来，这是爱孩子、保护孩子的表现，可是这种"爱"无视了孩子的真正需要，会对孩子的心理发展产生不利影响。

孩子的真正需求是想要用尖嘴钳剪断电线做个奥运五环，可妈妈不问青红皂白地进行干预，不仅扼杀了孩子创造的欲望、动手的兴趣，更剥夺了孩子探索和学习使用工具的权利，美其名曰爱护孩子，实则是"捡了芝麻丢了西瓜"，与教育美好的初愿相去甚远。

其实每个孩子都有自我保护的本能，他们使用剪刀时会小心翼翼，走楼梯时会不由自主地扶着栏杆，摔倒时手会用手撑地，等等。如果孩子连尝试的机会都没有的话，这些本能就会消失殆尽。如果孩子从来没有尝到过"跌倒"的滋味，一旦离开父母的保护，孩子可能会跌得更重。

在"爱孩子"的旗帜下，家长会无意间做出一些伤害孩子的举动来，自己却还感觉不到；有时家长即使感觉到了孩子的不快和不满，也觉得这是正常的，自认为所作所为都是为了孩子好，是爱孩子。殊不知，对孩子过度的保护不是真爱，而是伤害，是一种不良的教养方式。

网上所说的"巨婴"现象，指的就是一个人长大成人后还完全不能自立，凡事都靠父母，离开大人的保护伞就惶惶不可终日，这些都是家长从小对孩子的过度保护所致。

作为家长，爱孩子是无可厚非的，但要用心爱孩子，用脑爱孩子，而不是对孩子一味溺爱、过度保护。

爱孩子不仅仅是一味地把孩子捧在手心里，有的时候家长大胆地放手后，才能更好地体现爱的真谛。

·应对方略·

一、改变教养观念

家长过度保护孩子其实是教养观念出现了偏差，结果事与愿违。有些家长总是怕这怕那，唯恐孩子出事。怕孩子伤了肌肤，不许孩子用刀、剪、锤子；怕孩子摔伤，不让孩子攀登，甚至爬上椅子都不让；怕孩子被骨头卡住，不许孩子自己吃带骨头的食物，总是剔干净后再喂给孩子；怕孩子被车辆撞着，就不准孩子单独上街……

某小学一年级调查，父母不准孩子出门的占71.5%，反对孩子游泳的占69%。前怕狼，后怕虎，把孩子的一切都隔离起来，把孩子禁锢在"保护圈"内，使之成为性格孤僻、不能独立生活的可怜虫。

有专家指出：孩子缺乏自信，源于家长的过分保护和盲目扼杀。

有些家长，尤其是祖辈，对孩子的一切事情大包大揽，像老母鸡护小鸡似的整日将孩子庇护在自己的羽翼下，舍不得叫他们做力所能及的事情。

孩子的"无能"，是家长经常剥夺孩子体验机会的结果。怕孩子被人欺负、吃亏，便禁止孩子出门同别的小朋友一起玩耍，把他们的活动范围局限于自己的视线之中。家长不信任孩子能够独立完成某些事情，因此孩子根本没有自己尝试解决问题和困难的机会，也不相信自己能独立解决问题。

过分的保护导致孩子不自信、优柔寡断、社交困难，不能养成独立生活能力，甚至缺少道德情感和责任心，严重干扰了孩子身心的正常发展。

不少家长怕孩子生病，热不减衣，饱不减食，风霜雨雪不出门；外出时，不必要地为孩子添衣加帽，尤其是对婴幼儿，一定要三包四裹，唯恐其受凉。这都不利于孩子发展对自然气候变化的适应能力，也是导致热从内生而引发上呼吸道感染的原因。

过度的爱会害了孩子。日本的一位心理学家发现，小孩患病或出现异常，有 70% ～ 80% 都是因为双亲养育子女的方法有问题。可见，过度保护犹如给孩子戴上镣铐，使他们成为浓荫下的小草，经不住风雨。

因此，家长必须改变教养态度和方式，把成长中必经的磨炼和挫折还给孩子，让孩子远离过度保护，健康地成长。

二、做个"懒家长"

现在的家长真是太"勤快"了，不管孩子能做的还是不能做的事情都全权包办，如孩子不会系鞋带就不买系鞋带的鞋子；孩子吃的鸡蛋都是煮熟剥好的，以至于有的孩子认为鸡蛋天生就是那个样子的；孩子吃饭只要张嘴，穿衣只要伸手。时间一长，孩子变懒了，不仅身体懒得动，手也懒得动，连"脑子"也懒得动了，严重影响了孩子社会化水平的发展。因此，家长在孩子面前一定要"懒"一点儿，凡事多让孩子自己去尝试学习，让孩子在"做"中积累，在"做"中提高生存能力，这才是对孩子最切实的爱。

三、变担心为放心

家长因爱子心切，故而过度担心孩子的安全问题，过度夸大孩子做一些事情的危险性，喜欢自顾自地描述孩子"会遇到"的种种危险，似乎唯恐孩子不得"恐惧症"。结果就是，孩子成为心理不健康的儿童，家长自己也出现焦虑、恐惧等心理健康问题。

家长要把自己从"担心"中解放出来，学会相信孩子，相信孩子的潜力，并给予孩子挖掘自身潜力、释放潜力的机会。凡是孩子所处年龄段应该会做的事，家长都要让他自己做。不会做不要紧，可以教；做不好不要紧，可以再来。没信心，就鼓励；做对了、做得好，就表扬。只有这样，孩子才会羽翼渐丰，健康成长。相反，如果家长因"担心"而不放手，那么，家长将永远生活在"担心"中，而家长担心的事情往往也会变成现实，因为孩子经过你全方位得"保护"之后确实没有能力自行解决你所担心的问题。

借用一首歌的歌词送给各位家长，"有一种爱叫作放手"，家长只有学会放手，指引孩子前行，而非抱着孩子走路，才是真正地爱孩子。

"真聪明"失效了

·案例·

婷婷妈妈特别注意对孩子进行赏识教育，经常用"你真聪明"来鼓励女儿。

吃完早饭，婷婷开始练钢琴，每弹完一首，妈妈就竖起大拇指夸奖道："婷婷真聪明！"在妈妈的赞美声中，婷婷信心十足，学琴一直比较自觉。

参加集体聚会，看到别的孩子当众表演节目，婷婷妈妈于是小声动员女儿："婷婷，你最聪明，你也去表演一个！"在妈妈的反复表扬声中，婷婷不情愿地给大家唱了一首歌。

在幼儿园里，婷婷觉得自己是班级里最聪明的孩子，不管是画画、数学还是拍球，她总是在心里告诉自己：我是最聪明的！集体活动中，要是老师先表扬了其他的小朋友，婷婷就会很失落。

上了小学，婷婷发现班上有很多同学钢琴弹得比她好，数学作业完成得比她快，朗读也比她更有感情……婷婷开始不愿意去上学，拒绝学习钢琴。妈妈惯用的"你真聪明"失效了！

·案例分析·

婷婷妈妈一贯用"你真聪明""你最棒"作为鼓励孩子的方式。在一味的夸奖中，婷婷自我感觉良好，不知不觉产生了骄傲情绪，丧失了对自己、对同伴的正确评价，变得盲目自信。一旦遇到挑战，婷婷就把维持自己"聪明"的形象作为努力的目标，她害怕失败，担心别人超越自己。当身边接二连三地出现超越她的同伴时，"最聪明"的婷婷就陷入了迷茫，自我评价混乱，不知道如何改变现状，进而出现不愿上学、不愿学琴的逃避心理。

过度表扬，让表扬变得理所当然，变得廉价，孩子不需要花费很多努力就能轻易获得夸奖。沉浸在表扬中的孩子，对表扬产生依恋，为了得到表扬而坚持。他们抗拒挑战，很难获得战胜困难后的成功感。

实验表明：被表扬过度的孩子更倾向于选择容易的任务来博取再次表扬，即使困难的任务能够让他们学到更多的东西。

赏识教育没有错，但是轻松出口的"你真聪明"绝不是正确的赏识教育方式。

·应对方略·

一、赏识和批评缺一不可

1. 赏识教育可以让孩子树立自信、学会自爱

赏识教育是我国近年流行的一种教育方式，也称为激励教育、夸奖教育等，其本质是充分肯定孩子，通过心理暗示，不断培养其自尊心和自信心，唤起孩子不断进取的信心和潜能。

幼儿自我意识的产生主要是通过成人对他的评价，当孩子取得成功或在原有基础上有进步时，家长要及时予以肯定和强化，使孩子感到"我行"。这种感觉十分重要，这就是自信心。孩子有了自信心，就必然愿意接受新的挑战。

2. 过度赏识容易变成溺爱，导致孩子受不了批评

没有哪种教育方式是万能的，有利就有弊。赏识教育虽有其合理性、科学性、有效性，但如果滥用则有害无益，赏识过了头，效果就会适得其反。事事夸奖、永远表扬，孩子容易产生虚荣、自傲的心理，让孩子变得盲目自大，只能听

好话，很难接受不同意见。

　　微型调查中，大多数家长承认自己很少甚至不敢批评孩子，因为稍微一批评，孩子就会发脾气，小到哭闹，大到抗拒、顶嘴，甚至是离家出走和轻生。

　　不能把赏识教育简单地等同于表扬，赏识教育也是需要技巧的，而且必须与批评指导相结合。该赏识的时候不去赏识或赏识不到位，该批评的时候批评缺失，孩子都难以健康成长。

　　3. 孩子有缺点是难免的，家长进行批评也是不可缺少的

　　不能一提倡赏识教育，就只是一味夸奖、样样赏识。孩子犯错误并改正的过程，就是他们的成长过程、社会化的过程。孩子有错误家长当然要指出，有道理也必须讲明白，该坚持的原则必须坚持；但批评必须对事不对人，不能全盘否定孩子、损害孩子的自尊。否定性、侮辱性的责备讥讽，像用针戳破气球，会极大地伤害孩子的自尊心；反反复复的唠叨，也会引起孩子的反感对立。积极的批评是以友好关切的态度给孩子以提醒、劝告、建议，指出问题，寻找原因；是在保护孩子自尊的基础上让他明白这件事他做错了，但仍然是家长爱的好孩子，只要改正，就一定会进步。

　　家长要以孩子愿意听的方式跟他讲道理，对待一般问题，要语气平和、态度严肃。对不易接受批评的孩子，家长可以用半认真半开玩笑、半严肃半幽默的方式，给他举例子，也是给他留面子。对于严重的错误，家长要当场训斥，震慑他，但切记勿冲动过火。家长也不要新账老账一起算，说话要留有余地，评价要实事求是。有时也可当众表扬，私下批评。另外谨记：不要拿他和别的孩子做比较。

二、表扬孩子的技巧

1. 表扬孩子要适度，不滥用

恰当、中肯地表扬，公平、公正、适度地表扬，才是激发孩子新一轮努力的动力，才能帮助孩子形成正确的是非价值观。

2. 表扬"努力"，忽略"天资"

有一个故事讲到，一位学者去某教授家中做客，夸奖教授的女儿"你真漂亮"，教授却严肃地指出：你可以称赞孩子的"礼貌"，而不是"漂亮"。因为"漂亮"是与生俱来的，不需要后天努力，这样的赞美容易让孩子沉醉于"漂亮"中，乐享其成，沾沾自喜。而"礼貌"却是孩子对言行举止的自我约束，通过自身努力，可以不断完善。

所以，要表扬孩子的"努力"，而不是"天资"。例如不要夸赞孩子真聪明、真漂亮、有天赋，天生就是弹钢琴的料，而是表扬他"你弹得这么认真，一遍比一遍好。如果继续练习，一定会弹得更好！"

3．表扬要具体，不能泛化

笼统地夸奖孩子"你真棒！""好孩子！"孩子并不明白自己"棒"在哪儿？"好"在哪儿？只有指出"好"的具体表现，才能让孩子了解自己被认可的地方，从而进一步强化自己的优势。具体的表扬，需要爸爸妈妈从对孩子言行的各个角度，进行更加细致、敏锐的观察。家长要在生活中关注孩子的点滴成长，观察孩子的变化，对于孩子的努力和付出要及时给予赞赏和鼓励，帮助孩子产生成就感、自豪感，促进其不断进步。